芸能人に投資は必要か？

アイドル奴隷契約の実態

星野陽平 著

鹿砦社

芸能人に投資は必要か？――アイドル奴隷契約の実態●目次

本書では敬称を省略した。

はじめに

そもそも私が芸能界に関心を持ったのは、北野誠謹慎事件だった。私はこの事件によってタレントが干される現象の違法性と不当性、そして芸能界の根本的な問題について思い知らされたのだった。これについては後述するので、ここでは多くを述べないが、そうした芸能界の諸問題を告発する書として二〇一四年に『芸能人はなぜ干されるのか？ 芸能界独占禁止法違反』（鹿砦社）を、一六年九月には同書の増補新版を上梓した。

大半は過去の資料の分析に充てているが、類書は存在せず、専門書としてはそれなりの反響を呼んだと思う。

さらにその後、能年玲奈や清水富美加、安室奈美恵、SMAPなどの独立騒動が相次ぎ、インターネットの普及もあいまって、芸能界タブーも打ち破られ、同書で私が問題提起した芸能界の構造的問題が世間に知られるようになった。

そして、一七年三月、私は公正取引委員会で職員向けに講演する機会をいただいた。その際、使用した資料は公正取引委員会のホームページで公開されているので、関心のある方はぜひ読んでほしい。

SMAP騒動などが起こったこともあって世論は芸能界に対して厳しい視線を向け始めた。公取委は有識者検討会を設置し、一八年二月、労働分野に独禁法を適用するための運用指針となる報告書を発表した。その中でスポーツ選手や芸能タレントなどに対して不当な移籍制限などを一方的に課すことが独占禁止法違反にあたる恐れがあると示した。

いわば、私の主張が公に認められたといってもよい内容だが、長年続いてきた芸能界の因習が一気に改まるわけではない。移籍制限や独立したタレントへの妨害は裏で行われるものであり、行政がそれを把握することは容易ではないだろう。

さらに、「芸能事務所はタレントに投資しているのだから、タレントが勝手に移籍したり、独立をすることは許されない」として、未だにタレントの移籍制限や独立したタレントへの妨害を容認する向きもあり、わざわざ私のところにやってきて、「芸能事務所はタレントに投資をしているのではないか？」と質問してくる人までいる。

それに対する反論を提示しなければならないというのが本書の狙いである。私の回答を言えば、芸能事務所はタレントに投資をする必要はなく、したがって芸能事務所がタレントに投資をしていることをもってタレントの移籍や独立を阻む理由もない、というものだ。

詳しくは、本書を読み通してもらえればご理解いただけるのではないかと思う。

本書は鹿砦社が運営するウェブサイト『デジタル鹿砦社通信』（http://www.rokusaisha.com/blog.php）で一四年八月二十七日から一八年一月二十五日まで連載させていただいた「脱法芸能」を大幅に加筆・修正し、新たな書下ろしを加え、『芸能人はなぜ干されるのか?』の続編としてまとめたものである。一部、記述が古いところがあったり、内容が前著と重複するところもあるが、ご容赦いただきたい。

最後に本書を世に出す機会を与えてくれた鹿砦社の松岡利康社長に感謝の意を表したい。

私が『芸能人はなぜ干されるのか？』を書いた理由

二〇一四年五月、私は『芸能人はなぜ干されるのか？芸能界独占禁止法違反』という書籍を鹿砦社から上梓した。

同書は次々と版を重ね、最終的に六刷まで版を重ねた。パブリシティのため、ニュースサイトに私のインタビュー記事を三本配信してもらったところ、それぞれＹａｈｏｏ！ニュースの雑誌総合ランキングで一位を獲得。アマゾンの販売ページに掲載されたレビューの多くが星五つという高評価だった。

◆きっかけの「北野誠謹慎事件」

そもそも、私が同書の着想を得たのは、〇九年に起きた北野誠謹慎事件だった。

北野誠は毒舌が売りのお笑いタレントだったが、関西のＡＢＣラジオで放送されていた『誠のサイキック青年団』での発言が問題となり、突如として番組が終了し、北野自身も無期限謹慎状態に追い込まれた。北野が所属する松竹芸能と番組を放送していたＡＢＣラジオを運営する朝日放送までが責任を取るかたちで有力芸能事務所のほとんどが加盟する業界団体、日本音楽事業者協会（音事協）を退会した。

業界では「芸能界のドン」と言われ、音事協を牛耳っているとされる、バーニングプロダクションの周防郁雄社長の悪口を北野が言ったのが原因ではないかと囁かれていた。

当時、私はある雑誌の編集部からの依頼でこの事件の取材をしていたところ、ある週刊誌記者から「音事協では加盟する芸能事務所間でのタレントの引き抜きを禁じている」という話を聞いた。芸能事務所は、人気タレントを独占的に抱え込むことで利益を得ている。ところが、商品であるタレントが勝手に移籍すると、過当競争が始まり、芸能事務所のビジネスモデルが崩壊してしまう。そこで、音事協ではタレントの引き抜きを禁じ、さらに独立を阻止することで一致団結し、共存共栄を図っているという。

◆「五社協定」「音事協」というカルテル組織

この仕組みは、映画界でかつて存在した「五社協定」を原型としている。映画界では戦後しばらくの間、「俳優ブローカー」と呼ばれた業者が俳優に映画の仕事を斡旋し、出演料を高騰させていた。また、日活が戦時下で中断していた映画製作を再開すると発表し、日活による俳優や監督などの引き抜きを恐れたメジャー映画会社五社(松竹、東宝、大映、新東宝、東映)が各社専属の俳優の引き抜きを禁じる協定を一九五三年に結んだのだった。

その後、五社協定はフリーを宣言するなど、映画会社に反旗を翻した俳優を業界から締め出す性格を強めていったが、次第に違法性が明らかとなっていった。

五七年には、新東宝に所属していた前田通子という女優が監督の演出を拒否したことで会社をクビになり、五社協定に基づき映画界からも排除されるという事件があったが、翌年、前田が東京法務局人権擁護部に訴えたところ、人権侵害が認定された。

また、五七年には独立プロダクションの独立映画株式会社が製作した『異母兄弟』という作品に東映に所属していた俳優の南原伸二が会社に無断で出演したことが五社協定に違反するとして、松竹の系列映画館でこの作品の上映を中止する事件が起きた。

独立映画側は五社協定が独占禁止法に違反するとして公正取引委員会に申告した。六三年、公取委は映画会社各社が五社協定に基づき『異母兄弟』の配給をしないようにした事実について、独占禁止法違反の疑いがあると認定した。

五社協定は、七一年の大映倒産をもって自然消滅したと見られるが、作品の質の低下を招き、映画界の凋落を早めたと指摘されている。

六三年に設立された音事協は、その五社協定をモデルとして設立されたカルテルだった。音事協が発行した音事協加盟芸能事務所社長のインタビュー集『エンターテイメントを創る人たち　社長、出番です。』(日本音楽事業者協会)の中で第一プロダクション社長、岸部清は音事協の設立について「そもそも、タレントの独立問題が背景にあって、ちょうど映画の五社協定に似た形で、親睦団体を名目に創設したわけです」と述べている。

現在の音事協も五社協定と同じようにタレントの引き抜きを禁じ、独立などで芸能事務所に反旗を翻すタレントを干すという仕組みを踏襲している。「そうであれば、芸能界は根本的に違法なのではないか?」というのが同書の核心部分である。

◆小泉今日子発言の波紋

「タレントが干されるのは昔からのことではないか? 何を今さら」と思う人もいるかもしれない。だが、芸能界は今、変革の時期に差し掛かっているのではないか、と私は考えている。特に最近、業界関係者から芸能事務所に対する批判が相次いでいるのだ。

『芸能人はなぜ干されるのか?』刊行の一カ月ほど前にバーニングプロダクション所属の女優、小泉今日子が「私みたいな事務所に入っている人間が言うのもなんだけど、日本の芸能界ってキャスティングとかが〝政治的〟だから広がらないものがありますよね。でも、この芸能界の悪しき因習もそろそろ崩壊するだろうという予感がします」(『アエラ』二〇一四年四月二十一日号)と発言し、話題を集めた。

また、フジテレビ出身のアナウンサーで一三年にフリーに転身した長谷川豊も、古巣であるフジテレビの視聴率低迷は、フジテレビ幹部と「大手芸能事務所」との癒着で番組のキャスティングが歪められていることが原因だと指摘し、ネットで注目を集めた。

さらに、同書の出版と前後して、女性アーティストの安室奈美恵が所属するライジングプロダクションに対して独立を主張し始め、多くのマスコミが注目する騒動となっている。

安室奈美恵「独立騒動」——なぜ、メディアは安室を叩くのか？

二〇一四年八月に入ってから複数の週刊誌がこぞって安室奈美恵の独立騒動を報じている。

安室といえば、一九九二年に芸能事務所、ライジングプロダクション（以下、ライジング）と専属契約を結び、ダンスグループ、スーパーモンキーズのセンターボーカルとしてレコードデビュー。その後、ソロ歌手として頭角を現し、一四年はデビューから二十二年目にあたり、六月にリリースしたベストアルバム『Ｂａｌｌａｄａ』が四〇万枚以上を売り上げるなど安定した人気を誇っている。

週刊誌の報道によれば、安室は同年五月、ライジング幹部らの前で「独立したい」と切り出し、後日、「提案書」を持参して、契約条件の変更を迫ったとされる。提案をライジング側が拒絶すると、安室は「これでは奴隷契約よ！」と言い放ったという。

◆西茂弘は本当に黒幕か？

各週刊誌が独立を主張する安室の背後にいるとしているのが、西茂弘という人物だ。

西は、安室をはじめ、多くの大物アーティストのコンサートの運営を手掛けるオン・ザ・ラインという会社の代表で、ここ数年の安室は事務所のスタッフの言うことには耳を貸さない一方、西の言うことであれば素直に聞いていたという。

この西は、Ｘ　ＪＡＰＡＮのボーカルＴＯＳＨＩを長年、洗脳してきたとされる企画会社、ホーム・オブ・ハートの代表、ＭＡＳＡＹＡと学生時代に親しく、一緒にイベントの企画をしていたという。

前年も安室は信頼するスタッフを引き連れ、移籍を画策したが、ライジングから説得され、不発に終わっていたという。安室とライジングとの確執は根深いようで、安室は「アーティストとしてのこだわりが理解されない」と不満を募らせていたとされる。

タレントは芸能事務所の利益の源泉である。独立騒動が簡単に収束することはない。ここからは、この独立騒動を過去の事例から読み解いてゆきたい。

◆事務所側の尻馬に乗るメディア

まず、安室独立騒動を報じる各週刊誌の論調について見ていきたい。報道をざっとまとめると、共通するのは、安室が恩義のある「育ての親」に弓を引いたのは安室がカネ目当ての悪い男に「洗脳」されてしまったからだ、という図式だ。

情報の出所は、もちろん、安室に独立されると経営的に大打撃を受けるライジング側であろう。記事にはライジング側の意向が色濃く反映されている。

ライジングは、安室だけでなく、荻野目洋子やMAX、w-inds.などの歌手や、観月ありさ、国仲涼子などの俳優が多く所属する有力事務所であり、メディアに対して強い影響力を持っている。

有力芸能事務所のほとんどが加盟する音事協は「タレントの引き抜き禁止」というカルテルを結んでおり、基本的にタレントは移籍ができない仕組みになっている。そこで、タレントが所属事務所から離れたいと考えた場合、独立をするしかない。ところが、タレントが独立を画策すると、メディアが事務所側の尻馬に乗って叩くのだ。今では恒例行事のようになった感もある図式だが、かつてはそのようなことはなかった。

◆五社協定反対の急先鋒だった毎日新聞

今の音事協のカルテルの原型は、一九五三年に映画界で結ばれた五社協定だが、五社協定ができた当初、メディアは盛んに映画界を批判していた。

安室の独立騒動当初、盛んに批判している『サンデー毎日』を発行する毎日新聞社は、かつて五社協定反対の急先鋒にいた。

『毎日新聞』は、五社協定の動きをいち早くスクープし、成立直前には「マスコミ帝王」との異名を持つ評論家の大宅壮一が紙面に登場し、「今や映画界がカルテルの方向で一歩前進したものと見てよい。もちろん、これではせっかく高められてきた日本映画の質的向上を阻止し、さらに後退させるばかりでなく、明らかに人権ジューリンで、新憲法に反するものである」と主張していた。

また、六三年に「日本一の美女」と呼ばれた大物女優、山本富士子が所属していた大映から独立して映画界から干された時も、多くのマスコミが厳しく大映を糾弾していた。

◆「芸能界相愛図事件」と音事協

だが、次第にメディアは芸能事務所などの芸能資本に対して及び腰になっていった。それを決定づけたのが七一年に起きた「芸能界相愛図事件」だ。

当時の『週刊ポスト』が「凄い芸能界相愛図」と題して、イニシャル表記ながら有名芸能人同士の乱れた下半身事情を作詞家のなかにし礼の告発という形で掲載したところ、なかにしが「取材に応じなければ私生活を書く」と脅されたとして、強要罪で刑事告訴し、記者二人が逮捕されてしまった。

背景には、問題の記事であまりに多くのタレントの裏事情が暴露され、業界としてなかにし排除で足並みが揃ったという事情があったようだ。

事態を重く見た音事協がなかにしに事情聴取し、さらに、なかにしが所属する渡辺プロダクションがなかにしへの仕事の注文を中断した。こうしたプレッシャーに耐えられなくなったなかにしが、記者の告訴に踏み切ったのだった。

音事協は『週刊ポスト』を発行する小学館に厳重抗議し、加盟社に対して小学館が発行するすべての出版物の取材を拒否するよう呼びかけた。大手メディア企業は、これをやられると潰れてしまう。

小学館は音事協に完全降伏し、『週刊ポスト』と新聞各紙に謝罪広告を出した。そうした事件が何度も積み重なった結果、メディアに「芸能事務所タブー」が定着していったのである。

安室奈美恵の「奴隷契約」発言は音事協「統一契約書」批判である

所属するライジングプロダクションに安室が突きつけた提案書とは、いかなるものなのか。

報道によれば、これまで安室とライジングプロとの専属契約は五年ごとに更新され、現在の契約は二〇一七年二月末に終了することになっていたという。

提案書では、これまでのライジングプロと安室の個人事務所、アフタービートが契約を結んでいたが、アフタービートを清算し、契約を解消し、五億円ある資産を退職金として安室に支払い、新しい安室のマネジメントオフィスであるステラ88とライジングの関連会社であるヴィジョンファクトリー（以下、ヴィジョン）が改めて契約し直し、ライジングが保有する安室に関するすべての商標権や原盤権の一部をステラ88に譲渡し、印税の配分や報酬の割合を引き上げるよう求めている。

これにライジングが難色を示すと、安室は「これでは奴隷契約よ！」と言い放ったという

◆脱税で実刑判決を受けたライジング平社長の思惑

当時の安室の個人事務所、アフタービートは、安室を代表取締役にしていたが、ライジング社長、平哲夫が株を一〇〇％保有していた。安室の主張する通り、アフタービートを清算すれば、資産はすべて平のものとなってしまう。個人事務所といいながら、安室には何の権利もなく、最初からライジングに囲い込まれていたのだ。平は提案書を受け取った翌月に安室をアフタービート取締役から解任した。

また、契約先をライジングからヴィジョンに変更するという安室の意向には、音事協の統一契約書の問題が絡んでいるようだ。

ライジングは音事協に加盟しており、タレントとの契約については音事協の統一契約書を採用しているが、ヴィジョンは音事協非加盟でライジング所属タレントのブッキングを専門に行う会社であり、タレントは所属していなかった。ライジングからヴィジョンへの移籍は、音事協の統一契約書の枠から外れたいという安室サイドの意向があるようだ。

なお、ライジングとヴィジョンが分離している背景には、平社長の過去が関係しているのかもしれない。

平社長は〇一年に発覚した脱税事件で二年あまりの実刑判決を受けている。芸能事務所が行う有料職業紹介事業は、職業安定法の規定で、禁錮以上の刑に処せられた者に対して、その執行を終わってから、五年間、厚生大臣の許可が下りない。

この問題を回避するため、平が代表を務めるライジングではなく別の者が代表を務めるヴィジョンがタレント斡旋業を表向き行っているという形にしたかったのではないか。

◆タレントに事務所「奴隷」化を強いる音事協の「統一契約書」とは？

さて、安室とライジングが交わしている音事協の統一契約書とはいかなるものなのだろうか。

かなり古い話になるが、芸能ジャーナリストの竹中労が一九六八年に表した『タレント帝国』（現代書房）の中で音事協の統一契約書の全文を明らかにしている。芸能界の仕組みは、当時も今もほとんど変わらないのだから、契約内容もほぼ同じだと考えられる。以下、『タレント帝国』から重要だと思われる部分を抜粋する。

第一条　乙（タレント）は甲（プロダクション）の専属芸術家として本契約期間中、甲の指示に従い、音楽演奏会、映画、演劇、ラジオ、テレビ、レコード等、その他一切の芸能に起案する出演業務をなすものとし、甲の承諾を得ずしてこれをなすことができない。
第三条　甲は甲乙共通の利益を目的とする広告宣伝のため乙の芸名、写真、肖像、筆跡、経歴等を自由に使用することが出来る。
第四条　本契約期間中に於て乙のなした一切の出演に関する権利は総て甲が保有するものとする。

これらの条項によれば、タレントは一切の出演業務について、専属契約を結んだ芸能事務所から指示を受けなければならず、自分の意志でこれを行うことはできない。また、肖像権なども事務所に帰属するものとされる。タレントは、まさに事務所の「奴隷」なのである。

さらに、重要なのは次の条項だ。

第十条　本契約書に基づいて甲乙両者間に係争が生じた場合は、日本音楽事業者協会がその調停に当るものとし、甲乙両者は協調の精神を以て話合いに応ずべきことを誓約する。

「奴隷契約」に疑問を持ってタレントが独立しようとして、事務所との間に紛争が生じると、音事協が調停役となるのである。

だが、音事協は裁判所ではない。芸能事務所の利益を代表する団体であって、タレント側に立った判断をしてくれるわけではない。

実際、過去にはタレントの独立トラブルで音事協が介入したケースがあった。

八六年に歌手の小林幸子が所属する第一プロダクションから独立しようとした時、第一プロは音事協に仲裁を申し入れた。その結果、小林は第一プロに二億円を払うことで独立を許してもらうということになった。だが、そのような手切れ金を支払う法的な義務はない。業界から干されたくなければ、カネを積め、ということなのだ。

その音事協は安室の「奴隷契約」発言を問題視したという。安室が「奴隷契約」と批判したのは、音事協の統一契約書であり、「奴隷契約」を所属タレントに強いている音事協の体質に対する批判につながる。それは芸能界全体を敵に回すことを意味する。

安室奈美恵「奴隷契約」問題が突きつける日米アーティストの印税格差

前述したように独立騒動で揺れた安室奈美恵は、音事協の統一契約書を「奴隷契約」と批判し、芸能界に波紋を投げかけた。

音事協の統一契約書は、『タレント帝国』で紹介されているが、著者の竹中は、肖像権（パブリシティ権）や出演を選択する権利などがタレントにではなく、芸能事務所に帰属することになっていることについて、「これは、まことに恐るべき〝奴隷契約〟である。タレントはすべての自由を奪われ、義務だけを負わされている」と断じている。

沖縄県出身の安室は、デビューするまで沖縄アクターズスクールに所属していた。当初は女優を目指し芝居の稽古をしていたが、ビデオで観たジャネット・ジャクソンのパフォーマンスに感化されてから、歌とダンスに没頭するようになり、その後、歌手として頭角を現していったという。

では、安室に影響を与えたジャネット・ジャクソンは、どんな環境で芸能活動をしているのだろうか。ここでは、アメリカで活躍する歌手の活動の実態について解説したい。

◆日本の歌手の歌唱印税はＣＤ売上の一％

日本の歌手がＣＤをリリースすることで得られる歌唱印税は、通常、ＣＤの売上の一％と言われる。一方、アメリカの歌手の歌唱印税は最低でも一〇％と日本の一〇倍以上だという。この違いは、どこから来るのか。アメリカの音楽業界事情に詳しい関係者は次のように語る。

「日本とアメリカでは、音楽ビジネスの仕組みが根本的に異なります。日本のアーティストは、契約上、実演の権利をすべて所属する事務所に譲渡する格好となりますが、アメリカはアーティストが権利を握っている。ＣＤのつくりかたも、アメリカと日本ではまったく違います。アメリカでは、ＣＤをつくる場合、アーティストが予算も確保します。

たとえば、アルバムを一枚つくるということになったら、アーティストは弁護士を雇って契約書を作成します。

そして、アーティストはレコード会社から予算を与えられ、自分がプロデューサーとなって、ミュージシャンを雇って、スタジオも押さえます。予算が一〇〇〇万円で、制作費が五〇〇万円だったら、残りの五〇〇万円は、アーティストのものとなります。CD販売の利益が初期投資の費用を超えることをリクープと言うのですが、リクープしない場合は、アーティストに対する印税は発生しません。とはいえ、印税一〇%ですから、ヒットすると、アーティストに支払われる印税は莫大なものとなります。

日本の場合は、すべてを芸能事務所が行いますから、アーティストの持ち出しはありませんが、報酬も低い水準となります」

日本においてはアーティストは、芸能事務所の「所有物」であり、事務所の指示を受けて、芸能活動を行い、報酬も事務所が決める。それに異を唱えて、他の事務所に移籍したり、独立することは基本的にはできない。一方、アメリカのアーティストは、主体的に芸能活動に取り組み、予算権も握って報酬の配分も大きい。

◆米国芸能界「権利のための闘争」の歴史

日本と比べ、アメリカのアーティストの立場が強い大きな理由は、アーティストの労働組合が強いことにある。アメリカの演劇界で俳優の労働組合が設立されたのは一九一三年のことだった。十九世紀末のアメリカの演劇界は、「劇場シンジケート」と呼ばれる、全国各地の劇場マネージャーの連合体が業界に独占的な支配力を持ち、俳優の権利を抑圧していた。

これに対抗すべく俳優たちは団結し、労働組合を結成した。劇場側に要求を掲げて何度もストライキを行い、交渉を重ね、労働条件の改善を図っていったのである。

映画界でも三三年に俳優たちによる労働組合、スクリーン・アクターズ・ギルド(SAG)が設立され、音楽界では一八九六年にアメリカ音楽家連盟が設立され、それぞれ大きな影響力を持つようになった。

アメリカのエンターテインメント産業の労働組合は労働者全員の参加が前提の「ユニオン・ショップ」と呼ばれる仕組みで、組織率が高いため、強い交渉力があり、労働組合に入っていなければ、満足のいく芸能活動はできないと言われる。

また、アメリカのタレント・エージェンシーは、反トラスト法（独占禁止法）の規制で、制作業務を行うことが禁じられている。

一方、日本の有力芸能事務所の多くは、タレントの斡旋だけでなく、番組などの制作業務も請け負っている。

特に有名なのは、お笑い業界ナンバーワンの芸能事務所である吉本興業だろう。吉本は多数の人気芸人を擁し、さらに番組制作のほか、多数の劇場を所有し、業界を完全に牛耳っている。二〇〇一年から一〇年まで放送されていた漫才コンテスト『M‐1グランプリ』（テレビ朝日系）の主催は吉本興業だった。当然、番組への吉本の影響力は強く、出演芸人の八割が吉本所属だったが、これに疑義を差し挟むことは許されなかった。

制作業務も兼ねていることもあって吉本のお笑い業界への影響力はダントツだ。吉本所属の芸人のギャラの安さは有名だが、吉本に逆らうことはできない。業界を支配する吉本に反旗を翻せば、干されるのは目に見えている。

安室奈美恵は干されるのか？——「骨肉の独立戦争」の勝機

「骨肉の独立戦争」を所属するライジングプロダクションに仕掛けた安室奈美恵。だが、過去、独立問題がこじれて、芸能界から姿を消したタレントは少なくない。では、安室は干されるのだろうか？

まず、契約の問題がある。報道によれば、安室とライジングプロは五年ごとに契約を更新しており、当時の契約が切れるのは二〇一七年二月末のことだという。二年以上の残余期間を残して、契約を破棄することはできるのか？

結論を先に言えば、法的にはできる、ということになる。労働基準法の規定によれば、一年を超える雇用契約は申し出をすればいつでも破棄できることになっている。安室とライジングが交わしている契約書は、事務所が安室に対し一方的に指示・命令することにより芸能活動をすることになっているから、法的には雇用契約だと解釈され、契約を結んでから一年を過ぎれば、安室の意思で解除できるはずだ。仮に訴訟沙汰になったとしても、安室の勝訴は間違いない。過去の判例でも、それは明らかだ。

◆NHKで進行する「バーニング排除」の動き

ただし、タレントの独立騒動で、法律の話はあまり意味がない。タレントの独立が成功するかどうかは、業界の力関係で決まるからだ。

安室が所属するライジングは、業界でも大手だ。では、安室は潰されてしまうのかというと、そうとも言い切れない。

まず、ライジングが大手と言っても、最大の稼ぎ頭は安室だ。安室が抜けてしまえば、経営の弱体化は否めない。

そんなときの保険として、多くの芸能事務所は「後ろ盾」と呼ばれる業界の実力者とのパイプを持っている。ライジングの場合は、以前から「芸能界のドン」と呼ばれるバーニングプロダクションの系列事務所だと指摘されてきたが、バーニングとの関係はすでに切れているという噂もある。仮にまだ関係が深いとしても、芸能界におけるバーニング自体の影響力低下を指摘する向きもある。

バーニングといえば、一九九〇年代末までは小室哲哉の楽曲の権利を支配していたことで巨額の利益を得てきたとされるが、そのビジネスモデルも崩壊してしまった。近年はNHKの幹部を接待漬けにして徹底的に食い込んで『紅白歌合戦』や大河ドラマ、朝の連続テレビ小説などに支配下のタレントを大量に出演させ、ハクを付けさせ、それから民放に降ろして稼ぐという手法を採ってきた。

ところが、二〇一四年一月、NHK会長に就任した籾井勝人がNHKの幹部社員とバーニングとの癒着を問題視し始めたという。前年末の『紅白』は、放送直前にバーニングの横やりでキャスティングが大幅に入れ替わったと言われているが、その後、『紅白』を担当するエンタテインメント番組部長が長崎支局長に異動となった。

バーニングが台頭するまで芸能界を支配していた渡辺プロダクションは、一九七〇年代に入ってから日本テレビから排除されたことで、その地位を大きく低下させた。渡辺プロと日本テレビの戦争のきっかけとなったのが『紅白歌のベストテン』という番組だった。渡辺プロは、その裏番組に大量にタレントを出演させる予定で『ベストテン』への出演を渋っていた。そこで、日本テレビのプロデューサー、井原高忠が渡辺プロの社長、渡辺晋に『ベストテン』へのタレント供給を頼み込んだところ、晋は「そんなにウチのタレントが欲しいんなら、『紅白歌のベストテン』の放送日を変えたら……」と言った。井原はこの発言に激怒し、局内のすべての番組で渡辺プロを締め出すことを宣言し、同時にオーディション番組の『スター誕生!』で輩出したタレントを渡辺プロ以外の事務所に振り分け、芸能界の勢力図を大きく塗り替えた。

それと同じことが現在の芸能界でも起こるかもしれないのだ。仮にバーニングがＮＨＫから排除され、その威光に陰りが見えてくるとすると、芸能界はどうなるだろうか?

芸能界には、タレントの引き抜き禁止という掟がある。だが、個々の芸能事務所の事情を考えた場合、有力タレントを他の事務所から引き抜けば儲かるのは確実だ。「芸能界の掟」をどの事務所も守っているのは、談合を主導するリーダーであるバーニングの影響力が強いからだ。そのバーニングの実力が低下してゆくと、談合破り、すなわちタレントの引き抜きが活発化する恐れがある。つまり、バーニングの凋落は、芸能界の液状化現象をもたらす可能性がある。

◆地上波テレビの時代が終われば芸能界の構造は変わる

また、業界の構造変化という事情も考慮しなければならない。従来、日本のエンターテインメント産業は、テレビに依存してきたが、この十年ほどインターネットがテレビの地位を脅かしてきた。

大量の視聴者を抱える地上波のテレビ局は、数が限られ、芸能事務所にとってはコントロールしやすい相手だ。だが、参入障壁が低く、誰でも情報を発信できるネットはそうもいかない。

二〇一〇年に東方神起から分裂してできた韓流アイドルグループ、ＪＹＪは、それまで所属していた日韓の芸能事務所からの妨害でテレビに出演できなくなった。だが、ネットのプロモーションだけで、ＣＤをリリースしたり、大規模なコンサートを行うには支障がなく、売上もそれなりに上がるという。

安室も近年はほとんどテレビに出演せず、ＣＤリリースとライブ公演を中心とした芸能活動をしている。仮に独立してテレビに出演できなくなってしまったとしても、それほど大きな影響はないのだ。安室の独立騒動の黒幕とされる西茂弘は、長年、音楽プロモーターとして活動し、実績がある人物だ。思いつきで独立騒動を仕掛けてきたとは到底思えない。勝算があってのことではないだろうか。

安室奈美恵「移籍劇」は芸能界決壊への「パンドラの箱」を開いたか？

芸能界の問題の核心部分は、主要芸能事務所のほとんどが加盟する業界団体である音事協でタレントの引き抜きを禁じるカルテルを結び、独立阻止で一致団結していることだ。

タレントが他の事務所に移籍できず、独立もままならないとすると、所属事務所の言うがまま隷属状態に置かれることになる。実はこのことはタレントにもあまり知られていない。

◆「芸能界の掟」に阻まれ頓挫したサンミュージック小島よしおの人力舎移籍

もう何年も前のことになるが、サンミュージックに所属するお笑いタレントの小島よしおが他の事務所への移籍を画策した時期があったという。

サンミュージックといえば、一九八〇年代は松田聖子がブレイクし一世を風靡したが、八六年には所属タレントの岡田有希子が事務所が入居していた四谷のビルから投身自殺をし、大きなイメージダウンとなった。さらに稼ぎ頭だった聖子が八九年に独立してしまった。この時は業界をあげて聖子を干したが、聖子の離反でサンミュージックが受けた打撃が回復することはなかった。

九〇年代になると、トレンディドラマのブームになり、特に野島伸司脚本のドラマでサンミュージック所属タレントが多く起用されたものの、二〇〇〇年代に入るとそれも失速した。それから大きく方針を転換し、お笑いに力を入れるようになった。そこで出てきたスターがダンディ坂野やカンニング竹山、小島よしおなどだったが、事務所全体の勢いは伸び悩んだ。特に稼ぎ頭の小島には、事務所に対する不満が募っていったという。

そこで小島は、おぎやはぎが所属する人力舎への移籍を打診したという。だが、人力舎側からは「サンミュージックさんとはお付き合いがありますので」と体よく断られてしまった。

◆「事務所のメンツ」を潰したタレントの復帰は難しい

また、「事務所に迷惑をかけた」と烙印を押されたタレントの芸能界復帰は難しいという。

最近でいえば、たとえば、オセロの中島知子のケースだ。中島は一一年ごろから家に引きこもって仕事ができない状態が続き、同居していた占い師との関係が取りざたされ、洗脳騒動が持ち上がった。

一三年三月、中島は『ワイド！スクランブル』で洗脳騒動以来初のテレビ出演を果たし、洗脳騒動について語ったが、これは所属事務所、松竹芸能の意向を無視した中島の独断だった。松竹芸能は中島に対しただちに契約解除を申し渡した。

それから洗脳騒動以来、中島のメンタル面をサポートしてきたという脳科学者の苫米地英人が中島の連絡窓口となることが明らかとなった。この時の説明では、「次の事務所が決まるまでの間」とのことだったが、現在もフリーランスとして活動しているという。

なお、一五年十月九日放送の『ダウンタウンなうＳＰ』

に出演した中島は、週刊誌の報道は嘘であると洗脳を否定している。中島によると、騒動の発端は、身内への毎月の送金を停止したとたんに始まったものであり、自宅に閉じこもったのは、事務所と方針が合わず、辞めたかったものの契約書がないため、どうしていいか分からず、事務所を辞めるために仕事をボイコットするのが目的だったという。また、洗脳をした占い師とされた女性は、元占い師の友人であり、同居もしていなかったそうだ。

◆なぜ安室奈美恵はライジングからエイベックスに移籍できたのか?

芸能界ではタブーとされる「引き抜き（移籍）」だが、一五年一月には大きな動きがあった。ライジングからエイベックスへ安室奈美恵が移籍した一件だ。

安室奈美恵といえば、一四年八月に独立騒動が表面化し、安室に独立を焚きつけ、〝洗脳〟したとして音楽プロモーターの西茂弘の名前が取り沙汰され、ライジングとの関係悪化が深刻化していた。

十二月には怒り心頭のライジングが「独立するなら安室奈美恵の名前は使わせない」として、特許庁に「安室奈美恵」の名前を商標登録として出願していたことが報じられた。だが、「安室奈美恵」は芸名ではなく本名であり、本人の承諾を得ずに商標として登録されることはない。

そんな報道があった矢先、電撃的にエイベックスへの移籍話が持ち上がり、一五年一月十四日付で安室とライジングの専属契約は終了し、その翌日から安室のマネジメント業務窓口がエイベックス内のレーベル「ディメンション・ポイント」で行うことになったという。

芸能記者は「これは大揉めするなと思っていましたが、関係者に取材すると『全然揉めていない』とのことで拍子抜けしました」と語る。

その後の報道によれば、安室の移籍に関連して、エイベックスがライジングの要望を聞き入れる形で、違約金や一定期間の活動停止処分、CDなどの印税収入の分配などを受け入れたともいうが、安室の芸能活動には支障がなかったようで、六月には未発表曲のアルバムが発売され、八月から翌一六年五月まで大型全国ツアーが行われた。

また、安室に独立をそそのかしたとしてやり玉に挙がった西は安室の移籍後も引き続き、安室のコンサート制作に携わったという。

◆音事協は安室の「独立」を防ぐために「引き抜き」を認めざるをえなかった？

あまり大事とはならなかったこの移籍劇は、芸能界にとって大きな意味があるように思える。というのも、安室を引き抜いた格好のエイベックスも引き抜かれたライジングもともに、音事協に加盟する芸能事務所だからだ。そもそも音事協はタレントの引き抜きを防止するために設立された組織だ。私が知る限り、音事協内でタレントが移籍したケースは、過去に一度もない。安室の移籍は、音事協の存在意義を否定するものであり、「引き抜き解禁」というパンドラの箱を開いたことになりかねない。

私の考えでは、音事協は安室の独立を防ぐために引き抜きを認めざるをえない状況に追い込まれたのではないかと推測する。コンサート運営のプロである西が安室の独立の黒幕だとするならば、西には「安室が独立したとしてもコンサートはできる」という読みがあったはずだ。近年、安室はテレビ出演を抑え、芸能活動の軸足をコンサートに移していた。コンサートさえできれば、安室は芸能界で生き残れる。さらに、最近はＹｏｕＴｕｂｅなどをはじめとするインターネットの新興メディアが勃興しており、仮にテレビに出演できなくとも新曲のプロモーションは可能だ。

安室ほどの大物であれば、テレビなどの既存のメディアに頼らず、独自の芸能活動をできた可能性が高い。だが、実際に安室の独立が成功してしまうと、音事協の存在意義が問われることになる。芸能事務所はタレントにナメられたら、おしまいだ。音事協に力がないと思われれば、タレントの独立が相次ぐようになるかもしれない。それは「芸能界液状化現象」を意味する。安室の移籍は、そのような事態を恐れ、言わば次善の策として認められたのではないだろうか。だが、それは芸能界の決壊を先送りしただけにすぎない。

追　記：

先述したように安室は、二〇一五年一月、エイベックス内のレーベル、ディメンション・ポイントへ移籍したが、同年六月九日、安室のマネジメントをディメンション・ポイントに代わって安室の個人事務所ステラ88が行うことが発表された。ライジングからエイベックスを経ての安室の独立である。

さらに一七年の九月には翌一八年九月十六日をもって引退することが公式サイトで電撃発表された。

公式サイトでは、「長年心に思い、この（デビュー）二十五周年という節目の年に決意致しました」と記されているだけで引退の理由については明かされず、様々な憶測が流れた。巷間伝えられている噂では、ダンサーのSAMとの間にできた、京都の名門大学に通う息子の将来を思っての決断だとか、体力や年齢の問題で歌手活動を続ける限界に近づいたとかいろいろ言われたが、ネット上では元所属事務所のライジングとのトラブルが原因ではないかとする説を挙げる向きが少なくない。

ライジングからエイベックスに移籍した一五年あたりから、安室のテレビ出演が減り、「嫌がらせを受けていたのではないか」という噂が流れていた。また、一部報道では、引退したがっていた安室をバーニングプロダクション社長の周防郁雄が説得して、独立という落とし所を用意したが、利益の一部をバーニングが吸い上げる構造が温存されたとの指摘もある。ライジングもバーニング系だと言われており、安室にとっては独立を果たしても「同じ籠の中の鳥」であり、これに不満を持ち、芸能界に嫌気が差したのかもしれない。

『週刊文春』（二〇一七年十月五日号）は、安室は一二年のデビュー二十周年のタイミングで引退を決意していたものの、安室の引退希望をライジング社長の平哲夫が握りつぶしたと報じている。

一七年十一月に発売され、発売二カ月で二〇〇万枚以上を売り上げた安室のベストアルバム『Ｆｉｎａｌｌｙ』には、デビュー曲から最新シングルまで四五曲が収録されているが、そのうち三九曲が歌い直しの新規録音となっている。実は、新記録音された曲はすべてライジング在籍時のもので移籍後にリリースされた曲は、そのままの音源が使用されている。

ライジングと安室のどちらが楽曲の使用を拒否したのかは定かではないが、両者の確執を物語っていると言えるだろう。

江角マキコ騒動——独立直後の芸能人を襲う「暴露報道」の法則

所属する芸能事務所に反旗を翻したタレントには、苛烈な報復が待ち受けている。

安室奈美恵独立騒動に少し遅れて江角マキコのスキャンダルが持ち上がったが、こちらも元所属事務所からの報復ではないかと囁かれている。

『週刊文春』（二〇一四年九月四日号）が報じたところによると、一二年十二月三十日、「ミスタージャイアンツ」こと長嶋茂雄の長男でタレント活動などをしている長嶋一茂の新築同然の家屋の真っ白な壁が赤いラッカースプレーで「バカ」「アホ」「バカ息子」などと落書きされるという事件が起きた。この事件の犯人は大手芸能事務所、研音に勤務する江角のマネージャー、A氏だったという。

江角は娘が学校で長島一茂の子からイジメにあっていることに憤り、信頼しているマネージャーに命じて一茂邸に「バカ息子」と書かせたという。実際に依頼が実行されると江角は、マネージャーに「スプレー代」として一〇万円を支払ったとされる。

落書き行為は五年以下の懲役が下る器物損壊罪という犯罪だ。一茂邸への落書きを指示したというこの報道が事実とすれば、江角は重大な罪を問われることになる。だが、報道に対して江角は堅く口を閉ざし、「女優生命の危機」という言葉も囁かれた。実際、一七年一月二十三日、弁護士を通じて芸能界を引退することをファックスで発表し、個人事務所を閉鎖したのだった。

◆スキャンダル暴露でタレントを潰す芸能事務所

では、なぜこのような騒動が持ち上がったのだろうか？

そのことを考えるうえで重要なのは、一四年三月に江角が長年所属していた研音を退社し、新たにインクワイヤーという個人事務所を設立し、独立していたという事実だ。江角が研音を離れた理由の一つには同じく研音所属の天海祐希に対する江角のライバル心があるという説がある。問題のマネージャーは、江角と一緒に後を追うことも考えたそうだが、結局、思いとどまって研音に残ったという。

研音は唐沢寿明などが所属する大手芸能事務所だが、研音にとって『ショムニ』などの代表作を持つ江角が抜ける打撃は大きい。また、独立の動きが他の所属タレントにまで伝染する事態は何としても避けたいところだろう。

人は誰でも人に知られたくない弱みを持っている。特にイメージが売りのタレントにとって、スキャンダルの暴露は死活問題だ。日本の芸能事務所は、所属タレントを公私ともに監視できる立場にあり、その気になればスキャンダルの暴露でタレントを潰すことは難しいことではない。

◆沢尻エリカ、セイン・カミュでも「法則」発動？

事務所からの独立を機にタレントがスキャンダルをぶつけられたケースは、これまでにもあった。

〇九年九月にスターダストプロモーションから契約を解除された女優の沢尻エリカは、一〇年、当時の夫である高城剛とともにスペインで個人事務所を設立し、芸能活動再開の道を模索したが、あらゆるメディアからバッシングされ、立ち往生を余儀なくされた。

スターダストから契約解除された直後から、沢尻の芸能界復帰の条件として持ち上がっていたのが高城との離婚だった。その理由は、「女性タレントや女優に、仕事に口を出すようなオトコがつくと面倒が起きるというのは定説」（『週刊ポスト』二〇〇九年十月三十日号）だからだという。

後の報道で判明したことだが、沢尻は薬物検査で大麻の陽性反応が出たことがきっかけとなり、スターダストから契約を解除されたという。その情報は、スターダストからエイベックスに伝えられ、一〇年四月中旬、スターダスト、エイベックス、バーニングの各事務所首脳による会談で、沢尻がエイベックスに移籍したうえで芸能活動に復帰させ、利益の一部をスターダストにキックバックするという合意ができたという。その後、沢尻は高城と離婚し、エイベックスに移籍し、芸能界復帰を許された。

〇五年に事務所を移籍したセイン・カミュも、旧所属事務所から大麻スキャンダルをぶつけられ、イメージを大きく悪化させた。

セイン・カミュはギャラの配分をめぐる対立から一四年間所属した事務所を辞め、友人らとともに芸能事務所を設立したが、旧所属事務所は「本来入るべき収入がなくなった」としてセインに一億円を求める訴訟を提起した。

一審で敗訴した旧所属事務所は、控訴し、その判決が出る直前の〇七年十二月、週刊誌でセインの大麻疑惑が報じられた。記事の内容は、セインがテレビデビューしたNHKの『やさしい英会話』で大麻使用疑惑が持ち上がり、番組を降板させられたというものだった。控訴審判決でも敗訴が予想されていた旧所属事務所による意趣返しとして、スキャンダルがリークされた可能性がある。

そうしたスキャンダルを正当化するわけではないが、事務所がタレントの私生活を監視し、スキャンダルを握って支配することは重大な人権侵害をはらむ危険性がある。

アメリカでは、タレントに仕事を斡旋するエージェントを取り締まる「タレント・エージェンシー法」が機能しており、法律によってエージェントがマネジメントやレッスンなど、雇用の斡旋以外の名目でサービスを提供し、対価を得ることが禁じられている。そのため、アメリカのタレントは個人でマネージャーを雇っている。

日本の芸能界では、時々、マネージャーがタレントの弱みを握って金銭を要求する事件が起きるが、本来、タレントの私生活の秘密を知りうる立場にあるマネージャーは、よほど信頼できる人物でなければ任せられるものではないのではないだろうか？

小栗旬は「タレント労働組合の結成」を実現できるか？

私は拙著『芸能人はなぜ干されるのか？』で、多くの資料を用い、様々な角度から日本の芸能界を検証し、その問題点を浮き彫りにすることを目指した。

日本の芸能界の問題は、構造的なものであり、連綿と続く歴史的背景がある。では、どうすれば解決できるのか？　私はそのモデルを求めて、世界屈指の市場規模を誇るアメリカのエンターテインメント産業の歴史と構造を調べた。

日本と比べ、アメリカのタレントが主体的にパフォーマンスに取り組め、報酬面でも権利面でも擁護されているのは、三つの柱がある。すなわち、①「タレントによる労働組合の結成」、②「反トラスト法（独占禁止法）による芸能資本の規制」、③「専門法によるエージェントの規制」だ。

歴史的経緯を調べると、最初に登場して、なおかつ重要度の高いのが①「タレントによる労働組合の結成」だ。

私は『芸能人はなぜ干されるのか？』を出版すれば、いずれタレントから労働組合結成の声が上がってくるはずだと思っていたが、ついにその時がやってきた。

二〇一四年八月に出版された『クイック・ジャパン115』（太田出版）で売れっ子の若手俳優、小栗旬が友人の俳優、鈴木亮平との対談で労組結成への思いを打ち明け、「ぼちぼち本格的にやるべきだなと思っています」と語ったのだ。

◆「巨大組織」に抗する覚悟はあるか？

労働組合の結成の目的は、優れた作品をつくり、俳優の労働条件を改善することが目的で、小栗が旗振り役になるつもりだという。

小栗のその決意の背景にあるのが芸能界の現状に対するいらだちだ。たとえば、「アメリカなんかは、メジャー作品にこの前まで無名だった俳優が、ある日突然主役に抜擢されることがあるのに、日本ではそういうことはほとんどないという現状がある。それを起こすためには、大前提としてスキルを持っていないとできないので、その力をみんなでつける場所を作りたいということですね」として、自ら借金をして俳優が自分たちを向上させるための稽古場を建てているという。

日本の芸能界では大手芸能事務所によるパワーゲームでキャスティングが決まる。その悪習を打破して、真の実力主義を導入すべきだというのである。

その先には、俳優による本格的な労働組合の結成という目標があるが、「みんなけっこう、いざとなると乗ってくれないんですよ」「ここのところはちょっとね、負け始めてます」と語っている。その理由は、「組織に。やっぱり組織ってとてつもなくでかいから、『自分は誰かに殺されるかもしれない』くらいの覚悟で戦わないと、日本の芸能界を変えるのは相当難しいっすね」と述べている。

小栗が言うところの「組織」とは、「芸能界のドン」と呼ばれる、バーニングプロダクションの社長、周防郁雄を盟主として仰ぐ、業界団体の日本音楽事業者協会（音事協）のことだろう。

小栗が所属するのは、トライストーン・エンタテイメントというあまり知名度はないが、音事協に加盟している芸能事務所だ。また、小栗の対談相手の鈴木亮平は、音事協加盟で老舗のホリプロに所属している。タレントの生殺与奪の権利を握る「組織」に所属し、多くのメジャー作品に出演している二人による労働組合構想はきわめてリスクが高い。

◆業界権力者の意向を恐れず、闘い続けた米国タレント労組の歴史

アメリカのエンターテインメント産業においてもタレントの労働組合の結成は難事業だった。

アメリカの演劇界では一九一三年に労働条件の改善を訴えて俳優たちが労働組合、アクターズ・エクイティ・アソシエーション（AEA）を結成した。この動きに対し、劇場マネージャーの連合体である劇場シンジケート側は、AEAの有力メンバーに第二組合を設立させたり、AEAに加盟していない地方の俳優を使って公演をしたりして、AEAの活動を妨害した。

これに対抗するべく、AEAは日本の「連合（日本労働組合連合会）」にあたるアメリカ労働総同盟に加盟し、他のタレントの組合と連携して組織力を強め、大々的なストライキを実施し、チャリティ公演を行い資金不足を補った。そうした努力を積み重ねた結果、最終的に劇場

シンジケート側は、白旗を揚げ、俳優たちの要求を飲んだ。

ハリウッドの映画俳優たちは三三年に「スクリーン・アクターズ・ギルド（SAG）」という労働組合を立ち上げた。

ハリウッド・スターといえば、今でこそ莫大な報酬を得ていることで知られるが、当時の労働環境は劣悪だった。当時のハリウッドは「スタジオ」と呼ばれるメジャー映画会社が牛耳り、俳優たちはスタジオの裁量で自動更新される長期契約を強いられ、朝八時から深夜にまで及ぶ長時間労働を余儀なくされた。

SAGが設立された直接のきっかけは、映画会社による大幅な賃下げの実施だった。当初、SAG加盟者は少数だったが、プロデューサー同士が俳優の競争入札をしないという、日本の五社協定のような申し合わせが成立したことがきっかけとなり、加入者は三週間で八〇人から四〇〇〇人まで膨れあがった。

三五年五月九日、数千人の俳優たちがハリウッドのリージョン・スタジアムに集まり、ストライキの実施を支持した。これ以降、ハリウッドでは、SAGと映画会社が交渉し、映画界のルールを決める習慣が定着するようになった。

アメリカのタレントたちが業界の権力者の意向を恐れず、パフォーマンスに専念でき、なおかつ高収入を得られるのは、そうした努力の積み重ねによるものだ。

そして、ようやく日本の芸能界にも、団結して立ち上がることを主張する俳優が現れた。今、日本の芸能界は歴史的な曲がり角を迎えているのかもしれない。

小栗旬は権力者と闘う「助六」になれるか？

小栗旬が俳優の労働組合結成の旗振り役として名乗り出たことを知った私は、「意外と適任かもしれない」と思った。

なぜそう思ったかというと、伝統芸能のストーリーに「権力者と闘う役者」というロールモデルがあり、それが小栗と重なるからだ。

江戸時代、歌舞伎などの役者は風紀と秩序を乱すと見なされ、制度的に差別される存在だった。住む場所を制限され、外出する際は編み笠の着用を義務づけられ、町人との交流を禁じられ、「河原乞食」「河原者」と言われ、汚らわしい存在として忌避された。

明治維新が起きて、身分制度は表向きなくなったものの、芸能者に対する卑賤視は消えなかった。今でも年輩の俳優は、「俺たちは所詮、河原乞食だから」という言葉を口にする。

二〇〇九年に他界したタレントの山城新伍は、一九九七年に刊行された著書『現代・河原乞食考〜役者の世界って何やねん？』（解放出版社）の中で、「この間」の話として、一般人から「河原乞食」と言われ、喧嘩になったエピソードを明かしている。

◆芸能界に求められている新たな「助六」の登場

だが、役者が権力に立ち向かい、差別と闘った歴史もある。

江戸中期まで役者は弾左衛門という被差別民の頭領に支配され、櫓銭《やぐらせん》という興行税を払っていた。ところが、一七〇七年、京都のからくり師（人形を操る芸人）の小林新助が弾左衛門に許可なく江戸で興行を打ったとして弾左衛門の配下三〇〇人に芝居小屋を破壊されるという事件が起きた。

小林は弾左衛門の不当性を訴えて幕府に裁判を起こした。その結果、新助の主張が認められ、役者は弾左衛門に櫓銭を払わずに興行を打ってもよいという判決が出た。

これを聞いた江戸の歌舞伎役者たちは、「もはや役者は不浄の民ではない」ということが公に認められたと捉え、大いに喜んだ。二代目市川団十郎は裁判の経過を

「勝扇子《かちおうぎ》」という書物にまとめ、家宝にした。

作家の塩見鮮一郎によれば、この事件をモチーフにしてつくられたのが、一七一三年に初めて上演され、現在の歌舞伎でももっとも人気のある演目である「助六」だという。

「助六」のストーリーは、主役の助六が意休という老人から友切丸という宝刀を奪うというものだが、助六が勝扇子事件を下敷きにしているとすると、助六は役者であり、意休は弾左衛門であり、友切丸は当時の役者が支配者である弾左衛門から奪い返した「興行の自由」が仮託されていたと見るべきだろう。

これを今の芸能界に置き換えると、助六はタレントの労働組合の委員長であり、意休は「芸能界のドン」であるバーニングプロダクションの社長、周防郁雄であり、友切丸は契約書で芸能事務所に奪われたタレントの「実演の権利」にあたる、と解釈することもできる。

◆「助六」と重なる俳優、小栗旬の軌跡

では、助六というのは、どんな人物なのか？

まず、助六は喧嘩に強い。物語の中で、助六は本来は鎌倉時代の武士である曾我時致《ときむね》だが、侠客の姿に身をやつし、吉原に出入りし、客に喧嘩をふっかけて刀を抜かせ、友切丸を探している。意休が友切丸を持っていることに気づいた助六は、意休を斬り殺し、友切丸を取り返す。

そして、助六は女性にめっぽうモテる。物語には、揚《あげ》巻《まき》という花魁《おいらん》がヒロインとして出てくるが、揚巻は言い寄ってくる意休を嫌い、助六に夢中だ。そして、居並ぶ遊女十数人が一斉に「吸いつけキセル（キセルに煙草を詰め、遊女自らの唇でキセルをくわえて息を吸い込み、たばこに火をつけたのち、吸口を懐紙でぬぐって、すぐに吸える状態にしたもの）」を助六に手渡し、それを意休がうらやましそうに見ているシーンが出てくる。助六は女性の憧れの的だ。

一方、俳優の労働組合結成を宣言した小栗旬も、助六と同じく、喧嘩に強くて、女性にもモテる。

『クローズZERO』（二〇〇七年公開）、『クローズZERO II』（〇九年公開）で、小栗は凶悪な転校生の主人公、滝谷源治として激しい喧嘩シーンをガチンコで演じきった。また、私生活では山田優との結婚後も浮気スキャンダルが絶えない無類の女好きでもある。まさに助六を彷彿とさせる俳優ではないか。

また、小栗は『宇宙兄弟』（一二年公開）で主役の南波六太役を演じている。少年時代にＵＦＯを見たことから宇宙に憧れ、宇宙飛行士になるという夢を追う兄弟の物語だ。もともと小栗は漫画誌で連載されていた『宇宙兄弟』が大のお気に入りで、プロデューサーに「絶対、『宇宙兄弟』をやりたい」と話していたという。

小栗自身も、とてつもない夢を追いかける、純粋な人柄なのだろう。日本芸能史上、誰もなしえなかったタレントの労働組合を実現できる、無二の俳優なのかもしれない。

一九六三年の「音事協」設立と仲宗根美樹独立の末路

これまで芸能界の最近の動きについてレポートしてきたが、ここからは紙幅の関係で『芸能人はなぜ干されるのか？　芸能界独占禁止法違反』（鹿砦社）で採り上げられなかった、過去に起きたタレントの独立・移籍事件を振り返ってゆくことにする。

タレントの独立と移籍は、日本の芸能界の核心部分を浮き彫りにし、「芸能界とは何か？」ということの答えが見えてくる。

芸能事務所のビジネスモデルは、人気タレントを独占的に抱え込むことで成立する。だから、芸能界の論理では、タレントが勝手に他の事務所に移籍したり、独立することは許されない。そこで、一九六三年に渡辺プロダクションが中心となって設立されたのが音事協だった。音事協は加盟社間でタレントの引き抜きを禁じ、独立を阻止するカルテルが結ばれている。過当競争を防いで、共存共栄を図ることが目的だ。

渡辺プロ元取締役、松下治夫は「かつてはタレントのほうがプロダクションより力が強いということもあった。ほかのプロダクションにもっていかれたくないものだから、プロダクションはタレントのいいなりになるしかない。そんな時代が長く続いていた。音事協ができたことで、レコード会社に対しても、タレントに対しても、プロダクションの発言力は強くなった。原盤権製作の交渉もスムーズに進められたし、タレントのやみくもな引き抜きもなくなった」と述べている（松下治夫著『芸能王国渡辺プロの真実。』青志社）。

◆「掟」を破った仲宗根美樹の末路

では、音事協設立以前の芸能界はどうだったのか？ここでは音事協設立前年の六二年に起きた仲宗根美樹の引き抜き・独立トラブルを紹介する。

仲宗根美樹は、六〇年、『愛に生きる』で歌手としてデビューした。翌年、十七歳の時に『川は流れる』が大ヒットし、レコード大賞の新人奨励賞を獲得。六二年には『紅白歌合戦』にも出場し、トップスターの仲間入りを果たした。だが、「金の卵」となった仲宗根をめぐって骨肉の紛争に発展していった。

美樹が所属していたのは、松竹の元社員、別所弥八郎が経営する「おれんじプロダクション」という芸能事務所だった。引き抜きトラブルは、六二年四月、別所が行った記者会見で発覚した。

美樹の母親、八重子は、別所の乱脈経営と過密スケジュールを問題とし、別所と手を切って美樹のマネジメントを西銀座プロダクションの小林忠彦に依託した。これに対し、別府は人気に収入がやっと追いついてきた段階で引き抜かれたのでは芸能事務所の経営は成り立たないと主張したが、引き抜きを防ぐことはできなかった。

さらに八重子は移籍先の西銀座プロからも独立し、六二年十一月、仲宗根プロダクションを設立した。八重子が不満だったのは、出演交渉で相手と直接にではなく、間に第三者を挟む芸能界のしきたりだった。たとえば、当時、都内のジャズ喫茶は渡辺プロの縄張りだったから、ジャズ喫茶に出演するためには、渡辺プロに出演料の一割を払わなければならなかった。また、東映の作品に出演するためには、美空ひばりが所属するひばりプロダクションを通すことになっていた。

掲誌）
同じ年に設立された音事協は、有力芸能事務所が団結することで、この「芸能界の掟」を制度化する狙いがあったのである。

これについて、小林はこう語っている。

「われわれプロダクションの仕事は、潜在失業者みたいなもので、プロダクション同士が助け合っていかねば、とうてい生きていけるものではない。

不動産屋みたいなもので、みるだけみせてもらって、あとは持ち主と直接取り引きでは不動産屋は上がったりですよ。モノゴトには順序があり、私が口をきいた話なら、あくまでも、私のプロダクションを通して仕事をするべきで、それを断わり直接に取り引きされたのでは、私の面目もまるつぶれだし、この世界のシキタリにも反することでしょう」（『週刊サンケイ』一九六三年二月十一日号）

◆「掟」を制度化した渡辺プロと音事協

この芸能界の論理を突破しようとした美樹は、芸能界で干された。映画出演の話は潰れ、全国の巡業も極端に減った。小林はこう述べている。

「全国各地の興行関係の親分衆たちも、私が可哀そうだと思えばこそ、シキタリに反する不義理な八重子さんの仕事は、引きうけないという態度をとるのであろう」（前

一九六五年、西郷輝彦はなぜ独立しても干されなかったのか？

一九六三年四月、音事協が設立された。音事協では、加盟社同士でタレントの引き抜きを禁止する協定を結び、独立阻止で結束を固めた。だが、結成されたばかりの音事協は加盟社数も少なく、引き抜きトラブルは収まらなかった。

六五年に起きたのが、橋幸夫、舟木一夫とともに「御三家」と呼ばれた歌手の西郷輝彦の独立事件だった。

◆十カ月で二億円を稼いだ「御三家」西郷の月給は二万八〇〇〇円

鹿児島県生まれの西郷輝彦は、高校を中退後、歌手を目指して大阪に行き、ロカビリーバンドを主催していたゲイリー石黒に拾われてバンドの雑用をしていたところ、六三年、当時、龍美プロダクションという芸能事務所を経営していた相澤秀禎《ひでよし》（後のサンミュージック創業者）に見出され、上京した。

だが、龍美プロは稼ぎ頭だった歌手の松島アキラなどが去ったことで経営が左前となり、当時、勢いのあった東京第一プロダクションに吸収されることとなり、西郷も相澤とともに移籍することになった。

西郷は東京第一プロに在籍してから売れ始め、六四年二月発売のデビュー曲『君だけを』がヒットし、一三〇万枚も売れ、その年のレコード大賞新人賞を受賞することとなった。ところが、東京第一プロでは在籍していた十カ月ほどの間に二億円を稼ぎながら、西郷の月給は二万八〇〇〇円と薄給だったという。東京第一プロと対立した西郷と相澤は六五年一月、独立した。

独立といっても、西郷と相澤には資金も力もなかった。そこで、頼ったのが、太平洋テレビジョン社長の清水昭だった。太平洋テレビは、もともとテレビ映画を海外から買い付け、日本語版を制作し、日本のテレビ局に配給する会社だったが、当時は芸能事務所事業にも進出し、大勢のタレントをかき集めていたところだった。西郷と相澤は、太平洋テレビ、所属レコード会社のクラウンレコードなどとの共同出資という形で日誠プロダクションという事務所を立ち上げた。

◆西郷輝彦の幸運――「音事協」独占途上期だった一九六〇年代の芸能界

当時はすでにタレントの引き抜きを禁じる音事協は設立されていたが、太平洋テレビによる西郷の引き抜きは阻止されず、西郷が干されることもなかった。

『週刊現代』（一九六五年四月十五日号）に「西郷をとりまく大人たちも悪いが、もとをたどれば彼のまいたタネさ。育ての親であるプロダクションを一年たらずで裏切った西郷だが、本来なら事業者協会に提訴されて、芸能界をほされたかもしれない。（中略）西郷はオトナの欲につられて、芸能界から抹殺されることは助かった」という芸能事務所関係者のコメントが紹介されている。

では、なぜ西郷は干されなかったのか。

音事協が発行している『エンテーテイメントを創る人たち　社長出番です。』所収の第一プロダクション社長、岸部清のインタビューによれば、音事協の創立メンバーは、次の八人だった。

渡辺　晋（渡辺プロダクション社長）
木倉博恭（木倉音楽事務所社長）
西川幸男（新栄プロダクション社長）
堀　威夫《たけお》（堀プロダクション社長）
岸部　清（東京第一プロダクション社長）
永野恒男（ビクター芸能社長）
新鞍武千代（日本コロムビア文芸部長）
宇佐美進（キングレコード）

東京第一プロの岸部清は音事協に加盟していたものの、太平洋テレビは加盟していなかったのだ。太平洋テレビはテレビ映画の輸入会社ということもあって、音事協加盟の芸能事務所とは流派が異なるのである。できたばかりの音事協は、芸能界全体ににらみを利かすだけの力がなく、カルテルとしては未熟だったのだろう。

西郷輝彦・独立の代償——睡眠二時間で過酷日程を乗り切る

西郷は独立で干されることはなかったが、プレッシャーが重くのしかかった。

独立後間もなくして、西郷の背後を黒い背広を着た集団がつけ狙うようになったのだ。西郷が車に乗ると、その後ろを男たちの車が追い、さらにその後ろを警察官と相澤が乗った車が追い、三台並んでテレビ局に向かい、私服警官が見守る中、西郷がスタジオで歌ったこともあったという。また、西郷をめぐる駆け引きの中で出てきたのか、スキャンダルもたびたび流された。

独立後の西郷の仕事は、太平洋テレビとクラウンが分担し、さらに独立から一年は独立の代償として東京第一プロも興行権を握るという約束になっていた。だが、ブッキングを担う三者は西郷利権をめぐって激しく対立した。三者が協調せず、それぞれ勝手に仕事を入れたために、異常なまでの過密スケジュールになってしまった。

たとえば、一九六五年四月の西郷のスケジュールは、以下のようなものだったという。

・午前九時から午後五時までは、松竹映画『我が青春』収録（第一プロの仕事）。
・午後七時から翌日午前四時までは、日活映画『涙をありがとう』収録（クラウンレコードの仕事）。
・午前六時から午前九時までは、大映映画『狸穴町〇番地』収録（太平洋テレビの仕事）。

当時、十八歳だった西郷が寝られるのは、移動のための二時間だけだった。スケジュール調整の話し合いがつかないと、各社の社員たちが西郷を監視するため、マネージャーを名乗ってゾロゾロと現場にやってきた。その数は多い時で二〇人にもなったという。そんな中、太平洋テレビがクラウンに三〇〇〇万円で西郷を返還するという人身売買のような話まで進められたが、独立後一年間は、連日、文字通りの殺人スケジュールが続き、誰しもが「西郷は潰れるだろう」と思った。

だが、西郷は潰れなかった。

疲労でレコーディングでも声が出ず、スタジオ内に机を並べてその上で一〇分だけ眠ると、少しだけ声が出た。それで一節歌い、また一〇分寝て一節歌う。そうして出来上がった『涙をありがとう』という曲が大ヒットした。

そればかりか、デビューから二年の間に出した二十枚以上のレコードすべてがヒットした。西郷はタフだった。

そうした独立の苦労をともに分かち合ったマネージャーの相澤と別れる日がやってきた。直接のきっかけは、西郷の人気に陰りが見えてきたことに不安を覚えた相澤が「新人を育成したい」と西郷の父親に相談したところ、断られたことだった。相澤は西郷と袂を分かち、七一年、サンミュージックを設立。西郷の方はそれから日誠プロを解散し、舟木一夫の育ての親である阿部裕章の第一共永に移籍した。七三年には、三度独立して、西郷エンタープライズを設立した。

風吹ジュン誘拐事件——弱小事務所間の紛争は暴力がモノを言う

私は拙著『芸能人はなぜ干されるのか?』の中でこう書いた。

「芸能資本の力の源泉は有力タレントを所有することにある。だが、タレントは『モノを言う商品』であり、放っておけば芸能資本の手から離れていってしまう。それを防ぐために必要なのは、①『暴力による拘束』、②『市場の独占』、③『シンジケートの組成』の三つである。これは古今東西を問わず、同じ構造だ」

一九七四年九月に起きた「風吹ジュン誘拐事件」は、①「暴力による拘束」に分類されるものだった。

◆デビュー曲二五万枚ヒットでも風吹の月給は二三万円

富山県出身の風吹ジュンは、京都で中学を卒業した後、十八歳で上京し、銀座のクラブで働いていた時にスカウトされた。有名写真家デビッド・ハミルトンがユニチカのカレンダーに風吹を起用し話題となり、七四年五月、『愛がはじまる時』でレコードデビュー。二五万枚が売れ、一躍スターとなった。

当初、風吹はアド・プロモーションという事務所と仮契約を結んでいたが、レコードがヒットしても月給は二三万円にすぎなかった。事務所に相談できる人がいないこともあって、九月九日、倍の月給を提示したガル企画に移籍した。その矢先、事件が起きた。

同月十二日午後八時過ぎ、フジテレビで収録を終えた風吹がスタジオから出てくると、旧所属事務所であるアドプロのUマネージャーなど三人が現れ、風吹の腕をつかんで局の隣にある喫茶店に連れ出した。

風吹がガル企画の社長、石丸末昭に電話で連絡をしてみると、「ジュンか、石丸だけどね、君はU君の指図どおりに動いていいんだ。わかるか」と言われた。そこで風吹はUに従って車で品川のホテル・パシフィックへ向かった。

ホテルに三つ取っていた部屋の真ん中に風吹らが入ると、アドプロの社長、前田亜土が現れ、「お前は、自分の二重契約を知ってるのか。オレのところにいればいいんだよ」と言った。

さらに作詞家のなかにし礼の実兄である中西正一が風吹とガル企画の専属契約の委任状を見せ、「ほら、これをみればもう納得もいっただろう」と言い、代わる代わる人が入れ替わって、風吹の事務所移籍を非難した。

そのうちになかにし礼が現れ、風吹の腕をつかんで、「そろそろ、あんたにも事態がどうなっているかわかってきただろう」と言った。

そのまま全員でベンツに乗って高輪プリンスホテルに移動し、また風吹への説得が始まった。そして、なかにしがやってきて、「要するにアドプロで仕事をすればいいのサ」と言った。

そんなやりとりが延々と続いた後で風吹が翌日の仕事のため衣装を取りに行かなければならないと言い、風吹、U、なかにしの三人で階下に降りたところ、風吹は待ち構えていた大勢の警官に保護された。そして、人だかりの中には包帯を巻いた石丸の姿もあった。

◆筋書きを書いた「黒幕」なかにし礼

石丸の身に何があったのか?

同月十二日午後五時ごろ、石丸はガル企画で働くYマネージャーがなかにしの事務所にいた時に作った借金を返済するため、暴力団、住吉連合系大日本興業のI事務所を訪れていた。

石丸がIに六〇万円の借金を返すと、部屋にいたIの子分たちがドアの前に立ちふさがり、別の子分からハンガーで顔面を殴られ、ゴルフのアイアンで、頭や首、手などを叩かれ、残りの三人からも殴る蹴るの暴行を受けた。そして、Iが「床に正座しろ!」と怒鳴った。

やがて奇妙なことに、なかにしから電話が入った。Iが「いま石丸を監禁してる。お前の友人だろう。この石丸の身柄を引き取らないか」と、なかにしに言った。Iが石丸に「お前からもなかにしに頼んだらどうだ」と言うので石丸も受話器を取り、「礼さん、お願いだ、身柄を引き取ってくれないか」と懇願した。だが、なかにしは「いや、それはだめですね、石丸さん」と言って電話を切った。

「オレがもう一度なかにし礼に頼んでやろう」と言ってIがなかにしに電話をかけた。石丸は「お願いだ、なんとかしてくれないか」となかにしに頼んだが、なかにしは「いやだめだね」と言ってまた電話を切った。

それからまたしばらくすると、なかにしから電話があり、なかにしの実兄の正一に頼めと言った。そこで石丸は正一と電話で話すことになったが、その際、正一は、石丸の身柄引き取りの条件として、風吹ジュンが石丸に書いた委任状を渡し、風吹との契約を解除し、石丸がなかにしに貸した二八〇万円の借金を帳消しにすることを求めた。

恐怖のあまり、この条件を石丸が飲むことにしたところ、フジテレビの隣にある喫茶店から電話があり、風吹と話をさせられたのだった。

午後八時三十分ごろ釈放された石丸は、病院に行ってケガを治療してもらい、事務所に戻り、弁護士と相談してから警察に通報し、警視庁に出頭した。事態を重く見た警視庁は、パトカー二〇台と警官八〇人を高輪プリンスホテルに動員し、風吹を保護した。

そして、九月二十日、風吹と石丸は、連名でなかにし、正一、アドプロの前田、大日本興業のIらを相手に監禁、強要、強盗傷人の罪で告訴した。

この事件で筋書きを書いた「黒幕」とされたのが、なかにし礼だった。前田の妻はなかにしの実兄の正一の次女。なかにし兄弟はともにアドプロの重役であり、石丸を襲ったＩは金融面でアドプロとつながりがあったという。

一方、なかにし側の主張によれば、石丸の親戚には九州の暴力団組員がいて、石丸は風吹の移籍問題でもそれを持ち出してアドプロを脅していたという。

◆暴力沙汰は「諸刃の剣」

なぜ、このような問題が起きたのだろうか、ということを考察してみたい。

まず、風吹をめぐって争奪戦を演じた石丸と前田は、もともと芸能界とは縁がなかったということがある。石丸は上野で鉄鋼業を営んでおり、ガル企画を設立したのも、風吹と個人的に「私の芸能活動についてすべてを石丸氏に委任します」と一筆もらってからのことだった。前田にしてもイラストレーター上がりで、芸能事務所を始めたのも風吹を抱えることになってからのことだった。

大手芸能事務所であれば、業界団体の音事協に加盟しているところが多いが、音事協ではタレントの引き抜きを禁じており、基本的にこの種のトラブルは起こらない。風吹ジュン誘拐事件は、芸能界のメインストリームを外れた弱小事務所同士だからこそ起こった事件だったと言えよう。そして、弱小事務所同士の紛争は暴力がモノを言うのだ。

だが、風吹の移籍トラブルは、誘拐事件として大きく報道されたため、風吹を奪おうとしたなかにし陣営は大きなダメージを受け、結局、風吹の所属先は、ガル企画に落ち着いた。また、風吹自身も、この事件によって経歴詐称が暴かれ、イメージダウンを余儀なくされた。

このようにタレントの引き抜きでは、暴力事件が起こることもある。そして、事件が明るみに出ると、タレントを奪う側としても、奪われる側としても、そして、業界全体としてもダメージは大きい。そのため、芸能界では諸刃の剣ともいえる暴力が発動されることは滅多にない。そもそも、引き抜きを未然に防止することが重要であり、そのために音事協という組織があるのだ。

ビートたけし独立事件の裏側（一）――
手打ちの「返礼」

「暴力と芸能界」について、もっと掘り下げていきたい。ここで俎上に載せるのは、「ビートたけし独立事件」だ。

一九八八年二月、たけしは十六年所属していた太田プロダクションから独立し、オフィス北野を設立した。この独立劇のきっかけとなったのが、その二年前に起きたフライデー襲撃事件である。

八六年十二月八日、当時のたけしと交際していたとされる専門学校生の女性に対し、講談社発行の写真週刊誌『ＦＲＩＤＡＹ』の契約記者が手をつかむなどの乱暴な取材によって、全治二週間の怪我を負わせた。これに憤ったたけしは、翌九日深夜三時、弟子のたけし軍団メンバー一一人らとともに『ＦＲＩＤＡＹ』の編集部に押しかけ、暴行傷害事件を起こした。たけしはこの事件の責任を取る形で謹慎処分が決定した。

◆たけしを襲った住吉会系右翼団体の執拗な抗議

事件から七カ月後、八七年七月十八～十九日放送の『ＦＮＳスーパースペシャルテレビ夢列島』（フジテレビ系）への出演で、たけしはテレビに復帰したが、それを許さない勢力があった。広域暴力団、住吉連合会（現住吉会）系右翼団体、日本青年社がたけしのテレビ出演に猛烈な抗議活動を展開したのだ。

「良識ある地域住民の皆さん！　テレビ局は犯罪者、ビートたけしを出演させております。視聴率のために出演させ、たけしの暴言さえ許している……」

日本青年社の街宣車はテレビ局やスポンサー企業、太田プロなどに押しかけ、大音響でたけしのテレビ出演を糾弾した。

日本青年社の抗議は執拗だった。たけしが羽田空港から『風雲！　たけし城』（ＴＢＳ）の撮影のため緑山スタジオに向かった際、右翼と見られる男に尾行され、途中でホテルに逃げ込んだことさえあった。気の弱いたけしは、こうした脅しにおびえた。

だが、これに、たけしが所属する太田プロは有効な手を打てなかった。それどころか、右翼の尾行は太田プロからスケジュールが漏れたために起きたのではないか、とたけしは疑念を抱いた。

たけしに対する日本青年社の抗議活動は、十二月初めになると突然、中止になった。最終的に両者を手打ちに導いたとされるのが、女優、富司純子の父親で東映のヤクザ映画のプロデュースをしていた俊藤浩滋だった。たけしが『元気が出るテレビ』（日本テレビ）で共演していた松方弘樹の口利きで俊藤が和解工作に乗り出したと伝えられている。

俊藤は日本青年社の会長、小林楠扶《くすお》と以前から親しかった。俊藤が京都で大手術をした際、小林が見舞いに訪れ、そのお礼のため俊藤が無理を押して上京して小林を訪ねたところ、これに小林が感動した。その場で俊藤がたけしの件を相談したところ、その場で抗議活動の中止が決定した、とされている。

◆手打ちの「返礼」が「たけし利権」争奪の口実に

だが、話はそれだけでは済まなかった。

この間、十数人の芸能関係者が事態収拾のために動いていた。名前が挙がった中には、バーニングプロダクションの社長、周防郁雄やライジングプロダクション社長、平哲夫などがいた。当時の報道によれば、手打ちの成立には総額七〇〇〇万円の費用がかかったとされた。「恩人」である彼らのためにたけしは、「返礼」をしなければならないことになったという。

義理を返す原資となるのが、「たけし利権」である。自分をマネージメントしきれなかった太田プロに対する不信感もあいまって、「たけし独立」という流れができていった。

だが、当時のたけしは年に五億円も稼ぎだし、太田プロの売上の大半を占めていたから、ことは簡単に進まない。水面下では様々な駆け引きもあったと見られる。

八八年二月十日、株式会社オフィス北野が設立された。たけしは約一〇〇人もいた、たけし軍団を引き連れ、太田プロから独立を果たした。オフィス北野といえば、現在社長を務める森昌行の顔が思い浮かぶが、設立当初の登記簿を見ると、代表取締役はＴＢＳ系列の大手技術製作会社である東通社長の舘幸雄が就任している。

さらにライジングの社長、平哲夫がオフィス北野の取締役に就任している。平は二〇〇一年十月十八日に脱税容疑で東京地検特捜部によって逮捕されたが、オフィス北野の登記簿を追うと、逮捕の二カ月前の八月二十日に辞任していた。

オフィス北野設立時の資本金は一〇〇〇万円。その内訳は、たけしが四〇〇万円、舘が四〇〇万円、平が二〇〇万円となっていた。

たけし独立の裏側では一体、何が起きていたのか？

ビートたけし独立事件の裏側（二）——浮上するマッチポンプ疑惑

『週刊大衆』（一九八七年十二月二十一日号）に「太田プロ関係者」の次のような談話が紹介されている。

「いまから四年前、たけしさんは独立するつもりで自分の側近に声をかけ、密かにスタッフ集めまで始めていたんです。そのときは、結局ウヤムヤに終わってしまいましたがね」

八六年度の太田プロの申告所得は、三億五〇〇〇万円で芸能事務所全体で三位にランクインするほどの繁盛ぶりだったが、売上の大半はたけし関連だとされていた。当然、太田プロとしては稼ぎ頭のたけしの独立を認めるはずはない。たけしの独立がスムーズに行われれば、片岡鶴太郎や山田邦子など他の所属タレントにも追随の動きが出てくる可能性もある。

太田プロが加盟する音事協ではタレントの引き抜き禁止、独立阻止で一致団結している。本来、たけしが独立を強行すれば、業界全体から干される可能性が高いのである。たけしが四年前に独立を断念したのは、そうした芸能界の政治力学が分かったためであろう。

◆「オイラは紳助と違う」

では、なぜたけしは、八八年二月にオフィス北野を立ち上げて独立を果たせたのだろうか？　これも芸能界の政治力学が大きく絡んでいると考えられる。

『アサヒ芸能』（一九八八年三月十日号）が「ビートたけし『オレはハメられた！』巨額〝独立御礼金〟の計算違い」と題する記事を掲載している。

記事によれば、日本青年社とたけしの手打ちを実現するためにかかった七〇〇〇万円は、たけしの借金という形で残り、さらに世話になった芸能関係者それぞれに対し、独立後の三カ月間毎月二〇〇万円支払うという話もあった。日本青年社との和解工作で動いた関係者は一五人ほどと言われていたから、九〇〇〇万円程度の出費となる。先の七〇〇〇万円と合せてたけしは、一億六〇〇〇万円の借金を抱えることとなったというのである。

そして、たけしは元所属事務所の太田プロにも解決金を支払うことで合意したという。たけしは、独立と同時に巨額の負債を抱えることとなったのだ。たけしが「オレはハメられた！」と言うのは、一連の経緯について最初からシナリオができていたのではないのか、という疑念があったからだろう。

『週刊文春』（二〇一一年九月二十九日号）で、島田紳助が暴力団関係者との交際を理由として引退を表明したのを受けて、たけしが日本青年社との手打ちの真相について次のように明かしている。

「これまで何度も右翼団体から街宣活動をかけられたことがあったけど、オイラは紳助と違う。ヤクザに仲介なんて頼んだことない。最初はフライデー事件の後、日本青年社に『復帰が早すぎる』と街宣をかけられたときだな。一人で住吉の堀さん（政夫氏、当時・住吉連合会会長）のところに行って、土下座して謝ったの。その後、右翼の幹部にも会って、それで終わりだよ」

「オイラの行くとこ、行くとこ、街宣がかけられているのに、当時の事務所は何も動いてくれないから、『自分で話をつける』って全部、一人で回ったんだよ。えれぇ、おっかなかったけど。堀さんに謝ったら、小林さん（初代日本青年社会長）と衛藤さん（豊久、二代目日本青年社会長）のところへ行けって。それで二人の前で『芸能界辞めます』って言ったら、『まだもったいないだろう』という話になった。街宣をやめる条件は、当時の事務所を辞めるってこと。『お前は生意気だって噂もあるから、気を付けろ』って怒られて、赤坂でスッポンをご馳走になって帰ってきた。そのとき、色んなヤクザから助けてやろうかって言ってきて、それを断るのも大変だったよ」

タレントという公人であるたけしは、立場上、直接的にも間接的にもヤクザや右翼にカネを払ったとは言えないだろう。ここで重要なのは、日本青年社側が街宣中止の条件として、たけしに太田プロを辞めることを要求してきたということだ。

太田プロも所属する音事協では、加盟芸能事務所同士でタレントの引き抜きを禁じている。たけしが他の事務所に移籍することは基本的にできないから、独立せざるを得なくなったのである。

◆なぜ日本青年社はたけしに独立を迫ったのか?

では、なぜ日本青年社はたけしに独立を迫ったのだろうか? それは、たけしの独立が彼らの利益になるからだろう。そこで、浮上するのが、マッチポンプの疑惑だ。つまり、たけしを攻撃したグループと仲介に回ったグループが結託し、たけしに独立を迫り、たけし利権を太田プロから横取りすることを狙った、事実上の引き抜きだったのではないかということだ。

では、誰が絵を描いたのだろうか。そのヒントとなると思うのが、日本青年社とたけしの和解工作をしたとされ、オフィス北野が設立された当初から、取締役に就任していたライジングプロダクション社長の平哲夫の存在だ。

後にライジングは、バーニングプロダクションとの関係を深め、「バーニング系」と言われるようになったが、バーニングの社長、周防郁雄も和解工作に関わっていたとされる。

だが、独立したたけしは、バーニング系と目されることはなく、バーニング系のタレントとの共演も特に目立つということもなかった。バーニング系の「支援」を受けて、独立できたはずのたけしだが、どうしてバーニング系にならなかったのだろうか?

実は、オフィス北野の設立と同時にバーニングに対し批判的な報道で知られる芸能ジャーナリストのA氏がたけしの顧問のような形でたけしとの関係を深めたのである。

　Ａ氏とたけしの親密ぶりは業界では有名だ。Ａ氏はたけしの撮影現場にしばしば出入りし、Ａ氏が地元で飲んでいる時に、フラリとたけしが現れることさえあるという。

　また、Ａ氏はたけし関係の記事を執筆することも多い。たけしのコメントが『東京スポーツ』で大きく掲載されることが時々あるが、そんなときは、Ａ氏が記事を執筆し、高額の原稿料が支払われるルールになっているという。『東京スポーツ』関係者は「Ａさんがライターじゃないとダメだと、オフィス北野が指定してくるんです。それがなぜなのかは分からないけれども、昔からそうなっています」と言う。

　Ａ氏は、なぜ、たけしと関係が深いのかについて多くを語らない。ただ、「オレは芸能界に功績があるんだ」とだけ言う。

　あくまで私の仮説だが、たけしにとってのＡ氏の存在は、バーニングに対する防波堤のようなものではないだろうか。

　仮にたけしが太田プロからの独立でバーニング系になっていたとしたら、どうなっていただろうか？　たけしの番組にバーニング系のタレントが氾濫したり、映画のキャスティング権をバーニングに握られるというような事態も考えられるはずだ。

　だが、現実にはそうはならず、たけしは、多くの国際映画賞や外国の勲章が授与され、国際的スターの座を手に入れた。その陰にはバーニングの介入から守るＡ氏の存在があったのではないか。そうであれば、確かにＡ氏には「オレは芸能界に功績がある」と言えるだけの資格があるだろう。

追　記：
　本稿「ビートたけし独立事件の裏側」は、『デジタル鹿砦社通信』で二〇一四年十月に掲載されたものだが、私が主張したたけし独立のマッチポンプ疑惑を裏付ける証言が一七年七月に刊行された『狼侠　芸能界最強の用心棒が明かす真実』（笠岡和雄著、れんが書房新社）にあったので紹介したい。
　著者の笠岡和雄は、神戸を拠点とする暴力団、二代目松浦組の元組長でバーニングプロダクションの社長、周防郁雄の用心棒を務めていたことで知られるが、同書によればかつてのビートたけしの独立事件にも関わっていたという。

笠岡は一九八七年十二月、東映の撮影所で松方弘樹から「なんとかたけしを助けてやってくれんでしょうか」と依頼を受けた。当時、たけしはテレビ局や太田プロ、スポンサーなどに日本青年社の街宣車が二〇〜三〇台で押しかけられ、テレビに出演できず、ノイローゼになっていたという。

笠岡は神戸から十五人ほどの若い衆を引き連れ、上京し、帝国ホテルでたけしとともに日本青年社に街宣中止の交渉をした。この時、たけしは「窓から飛び降りて死にたい」と弱音を吐いていたという。

ちょうどこの時、初代松浦組組長の訃報を知らされた笠岡は、神戸に急いで帰らなくてはならなくなった。そこで、笠岡が衛藤豊久に「条件は何やねん？」と聞いたところ、衛藤が和解の条件として挙げたのが太田プロから東通への移籍だった。

たけしも「言われた通りにします」とこの移籍話に乗り、街宣は中止され、後にたけしがオフィス北野を立ち上げるきっかけとなった。その後、笠岡はたけしを指導して、住吉連合会総裁の堀政夫に挨拶に行かせた。それまでたけしはヤクザとの付き合いがほとんどなく、堀に挨拶に行くのもしぶしぶだったようだが、それからはヤクザとの付き合いが増えていったそうだ。笠岡は「うわさで、衛藤が連れ歩いているとか、宅見氏（引用者注：宅見勝五代目山口組若頭、宅見組組長）がたけしを連れてミナミで飲んでいるとか、いろいろな話を聞いたものだ」と述べている。

当時、笠岡は知らなかったが、後で聞いた話では、この事件は最初から仕組まれたもので裏で何億もの金が動いていたという。

当時の住吉会の企業舎弟の中に芸能事務所の木倉音楽事務所（九二年に閉鎖）を経営する木倉博恭がいたが、木倉事務所でマネージャーをしていたのが平哲夫だった。平は八五年に独立し、ライジングプロダクションを設立していた。ビートたけし独立事件は、住吉会と近い木倉と平が中心になって画策したらしい。

当時の東通の幹部が木倉らと手を組み、裏金を作り、たけしの移籍に際し、日本青年社、住吉会系小林会、木倉らで山分けしたという。

二〇一八年三月にたけしがオフィス北野から独立する騒動が持ち上がったが、その際、たけし軍団のメンバー複数がブログで声明文を発表している。その中に次のようなくだりがあった。

「オフィス北野の大株主グループ（東通関係　弊社株式の五五%を所有）から、会社更生法を申し立てることが、急遽《（ママ）》に決まり、大至急弊社で株式を買い取れないかとの打診がありました」

　オフィス北野は設立当初、事実上、東通の子会社だったようである。笠岡が言うたけしの東通への移籍というのは、東通が出資をしてオフィス北野を設立したことを指しているのだろう。

安西マリア失踪事件（一）――露呈した芸能界の暴力団汚染

昔から芸能界には暴力団関係者が経営する芸能事務所というものがある。それは全国の自治体で暴力団排除条例が施行された今も変わらない。

　一九七八年に起きた「安西マリア失踪事件」では、そうした芸能界の暴力団汚染の実態にメスが入れられた。

　安西マリアは、都内の高校を卒業後、銀座のクラブ「徳大寺」でホステスとして働いていたところをスカウトされ、七三年に『涙の太陽』で芸能界デビューした。同曲は五〇万枚以上も売れたが、その後はヒットに恵まれなかった。

　そして、七八年四月八日、安西は予定されていたレコーディングに姿を現さず、失踪してしまった。同月十三日、安西が所属する竹野エージェンシー社長、竹野博士は、記者会見を開き、これを公にし、十四日、警察に捜索願を提出した。

◆「愛の逃避行」報道から急転した事件の真相

だが、事件は思わぬ展開を見せた。

安西は失踪直前に元マネージャーの衣籏《きぬはた》昇とともに母親をタクシーで湯河原まで送り、そのまま同じタクシーでビクターのスタジオに行くところだったが、横浜の日吉で下車し、それ以降、二人の足取りがつかめなくなっていた。以前から二人は親密だったことから「愛の逃避行」などと騒がれていたが、二人は四月二十一日に麻布署に姿を現し、竹野を暴行と強要の容疑で告訴した。

警察発表によれば、容疑事実は以下の通り。

二月三日、竹野がマネージャーの衣籏を呼び出し、安西がその日の朝のテレビ撮影に遅刻した責任を追及し、靴ベラで衣籏の頭を殴打し、怪我を負わせた。さらに、安西と安西の母親を呼び出し、「テメエら、ふざけるんじゃねえぞ、オレは前科二四犯だ（実際には五犯）。人をブッ殺すことなんか、なんとも思っちゃいねえんだ。仕事をすっぽかしたことをどうするか、よく考えろ」と脅迫した。

これに恐れをなした安西は十四日に月給を一〇〇万円から五五万円に減額する契約書に署名した。安西と衣籏が失踪したのも竹野を恐れてのことだったという。この告訴によって五月六日に竹野は逮捕され、竹野が過去、暴力団の組長だった経歴が明るみに出た。

竹野は広島県の広陵高校を卒業した五一年、阪神球団に入団し、二軍で捕手を務めたが、野球賭博に手を出して、退団。第二次広島ヤクザ戦争が起きていた六三年、十一《とい》会《ち》という暴力団を旗揚げし、六四年、広島の反山口組勢力の連合体、共政会に合流し、ナンバー・スリーのポストにあたる理事長に就任。だが、銃撃されて重症を負い、凶器準備集合などで逮捕されるなどして、抗争に疲れ果て、七二年、広島県警に脱会届を提出し、暴力団から足を洗った。その後、上京して芸能事務所の仕事を始め、七四年に竹野エージェンシーを設立した。

東京ではカタギだったはずの竹野だったが、七七年十一月に共政会の組員が銀座で拳銃を発砲した事件で、その組員が泊まったホテルに竹野の自宅電話番号が書かれたメモがあったことから、警察は竹野をマークしていたという。

一方、竹野も安西らの主張に反論した。竹野が衣籏を靴ベラで叩いたのは、衣籏が会社の金を横領したうえ、商品である所属タレントに手を出したためであり、安西の遅刻の件もあって解雇した。また、安西のギャラの減額のために再契約した際も、安西は納得して「クビになると困る。これからも使ってください」と言い、その後もたびたび食事をし、おびえた様子はなかったという。

◆それでも安西を叩き続けたマスコミたち

「愛の逃避行」から一転して「暴力団出身の事務所社長による脅迫事件」に発展した後も、マスコミの論調は安西や衣旗には批判的で、逆に竹野を擁護する芸能事務所関係者の声をより多く報じた。安西の失踪事件は、終始、芸能事務所側の論理に引きずられていた感が強い。

事件の初期段階で『週刊平凡』（一九七八年四月二十七日号）がバーニングプロダクションの社長、周防郁雄の次のようなコメントを掲載している。

「たとえば本人があらわれて謝罪しても、多くの人に迷惑をかけた今回の行動は許されるべきではない。まわりの人はマリアに引退を勧告すべきだし、レコード会社もすぐ新曲を発売中止にするべきです。厳しすぎるかもしれませんが、そうすることが芸能界の将来にとってもプラスになると思います」

事務所の言うことを聞かず、弓を引いたタレントは、業界から追放すべし、ということなのだ。

安西マリア失踪事件（二）——背中のイレズミがモノを言う世界

一九七八年七月十三日、安西マリア事件の公判が開始され、関係者の新証言に注目が集まった。八月七日の第二回公判では、安西が証言台に立った。安西は二月三日に竹野が衣簾を殴った後で、安西と母親を呼び出した際、竹野の言い放った脅し文句について検事の質問に答えて次のように説明した。

「ワシは前科二四犯だ、人を殺すことなどなんとも思わん。警察もこわくはない。背中のイレズミをなんだと思ってるか。これを使ってホリプロとのもめごとを解決したんだって。こうなると広島から若いものを連れてこなくちゃならんな、などといわれて、私は泣き出してしまいました」

安西は竹野エージェンシーに所属する前、ホリプロ傘下の芸能事務所に所属していたが、安西をスカウトした人間が八〇〇万円の借金をつくった。それが移籍の際、問題となり、違約金として請求されたが、竹野は背中のイレズミを見せることでチャラにしたのだった。

◆「社長と寝た方がいい」

これまで何度も述べている通り、多数の芸能事務所が加盟する音事協はタレントの引き抜きを禁じ、独立阻止で一致団結している。だが、この芸能界の秩序は、暴力によって時にねじ曲がるというのである。

なぜ暴力団関係者が芸能事務所を経営しているのかということへの答えが見出されると思う。暴力は芸能事務所の経営に役立つのだ。

さらに、安西の証言は続く。安西は検事から「竹野社長が、前科二四犯とか、広島から若い者を呼ぶといったのはまちがいありませんね」と訊かれ、「はい。ワシを裏切ったらどうなるかわかっとるのか。殺すことなんかなんでもないし、おまえと寝ようと思えば寝られるんだって……」と答え、嗚咽を漏らした。

そして、安西は、新しい契約書にサインをしてから、新曲の作詞家から「社長と仲が悪いのはまずい、社長と寝た方がいいんじゃないか」などと言われたという。これを聞いた安西は「竹野社長は私と関係しようとしていると感じました」という。

また、失踪した理由は「社長に、コンクリートづめにして海に沈めなければわからないなどといわれたので、逃げ出してしまいました」と説明している。

◆加害者社長はほどなく復帰、被害者マリアは引退へ

年が明けた七九年一月十九日、東京地裁は竹野に懲役十カ月、執行猶予三年の有罪判決を言い渡した。だが、当時の週刊誌は、「私はマリアに脅迫、強要をした事実はありません。私が期待していた判決ではありません」「私も許されるならば、芸能界の仕事をしたいのですが……」といった竹野のコメントを紹介し、にこやかに笑う竹野の写真も掲載し、竹野を擁護した。そして、判決が出た一年後の八〇年、竹野は奥村チヨの所属事務所としてフェニックス・ミュージックを立ち上げ、芸能界に復帰した。

一方、事務所に謀反を起こし、芸能界の暗部を告発した安西の方は、引退を余儀なくされ、日本を逃げるようにして長らくハワイに移住していたが、失踪事件から二十二年後の二〇〇〇年に芸能界に復帰した。なお、所属事務所は、バーニング系と言われる10 - POINTだった。

安西は復帰後しばらく芸能活動をしたが、テレビ番組で二〇一三年に鬱病を告白し、翌年、急性心筋梗塞で他界した。

ジミ・ヘンドリックスが強いられた「奴隷契約労働」

「芸能界の暴力汚染」は、日本だけに見られる現象ではない。エンターテインメントの本場であるアメリカもかつては暴力が跋扈していた。

フランク・シナトラはイタリア系マフィアとの黒い噂が絶えなかったし、ジミ・ヘンドリックスは暴力に怯えて演奏を強いられた。

一九六〇年代末当時、世界でもっとも有名な黒人ミュージシャンだったジミ・ヘンドリックスには、多くの団体が人種を理由に関係を持とうと接近してきた。その中には黒人民族主義運動を急進的に展開していたブラックパンサーやマフィアもあった。

ジミは黒人でありながら、ファンのほとんどが白人であり、同胞の黒人社会では今ひとつ受け入れられなかった。また、黒人系の団体は「ジミは黒人社会に借りがある」と主張した。

◆ジミヘンを銃口で脅し演奏させたハーレムのギャング団

六九年夏、ニューヨークの黒人街、ハーレムのギャング団が、ジミを脅迫して演奏をさせようと企て、ジミの承諾も得ないで勝手にコンサートを企画し、そのポスターを街中に貼っていた。

ある時、ジミがこのポスターを街で見かけると、コンサートの主催者のひとりであるギャングが仲間とともに現れ、銃を持ち出し、銃口をジミに突きつけた。

これがきっかけとなり、ジミは黒人仲間から「自分からハーレムでのコンサートに出演しなければ、無理強いされることになる」と説得され、ハーレムでのコンサートへの出演を決めた。このコンサートは入場無料だったため、出演料も出ず、結局、レコード会社が寄付金を出してジミのギャラをまかなうことになった。

翌年の夏のツアーでも、多くの黒人系の過激な政治団体が「暴動を起こされたくなければ売上を引き渡せ」と要求してきた。主催者側は団体に寄付をしたが、結局、何千人もの抗議者たちが入場料を支払わずに会場になだれ込んだ。

◆マネージャー＝マイケル・ジェフリーが強いた奴隷契約

ジミを暴力で脅したのは、黒人だけではなかった。ハーレムでのコンサートからしばらくしたある晩、ジャムセッションの後で、コカインを調達するため、見ず知らずの人間と店を出たジミは、そのまま誘拐され、マンハッタンのアパートに監禁された。

誘拐犯は、マネージャーのマイケル・ジェフリーにジミを解放する条件としてジミとの契約を引き渡すことを要求した。ジェフリーは､彼らの要求には応じず、マフィアを雇って犯人を捜索し、事件が起きて二日後、ニューヨーク州郊外のショーカンのジミの自宅でジミを保護することに成功した。あまりに奇妙な事件だった。

ジミのバンドのメンバーでベーシストを務めていたノエル・レディングは、後に「ジミが他のマネージャーを捜そうとするのを思いとどまらせるために、ジェフリーは誘拐事件を仕組んだのではないか」と語っている。

その誘拐事件の数週間前には、ジェフリーがジミの自宅にやってきて、ジミと仕事の話をしている間、ジェフリーの運転手が拳銃を取り出し、庭の木に向かって発砲していた。

その時、ジミの家に住んでいたミュージシャンのジュマ・サルタンは「ジェフリーのその訪問は、自分がボスだということをジミに見せつけることが目的だったのではないか」と語っている。ジェフリーの発砲もジミに対する威嚇が目的だったのかもしれない。

権力を持ったジェフリーはジミを半ば強引に働かせ続けた。七〇年七月、ジミは取材で次のように話している。

「僕はまるで奴隷だった。仕事ばっかりだ。初めは楽しかったけど、今はまた人生を楽しみたいんだ。僕は引退するよ。これからは娯楽が優先だ。仕事はもううんざりだよ」

その直後、ジミは映画撮影のためハワイに行ったが、浜辺で足を怪我し、その治療のために滞在が延び、二週間の休暇を得た。ジミは、実際の怪我に必要な手当より大袈裟に包帯を巻いて、重症を負ったことを証明するための写真を撮影し、ジェフリーに見せる必要があったという。ジェフリーはジミを支配していた。

六九年十月、ジミは、黒人ミュージシャン二人と組んで「バンド・オブ・ジプシーズ」を結成したが、ジェフリーは全員が黒人のバンドに難色を示していた。

七〇年一月二十八日、ジミはニューヨークのマディソン・スクエア・ガーデンでバンド・オブ・ジプシーズとして出演したが、二曲演奏した後、急に体調が悪化し、公演は中止となった。その理由はコンサートを妨害しようとジェフリーがジミに大量のLSDを盛ったからだと、ドラムのバディ・マイルスは主張した。その数日後、ジェフリーはバディを解雇し、バンド・オブ・ジプシーズも解散した。

七〇年九月十八日、ロンドンのホテルに滞在していたジミは、ワインを飲みながら睡眠薬を服用したために中毒状態となり、睡眠中に吐瀉物で窒息し、帰らぬ人となった。デビューからわずか四年、二十七歳での死だった。

その三年後の七三年三月五日、ジェフリーが搭乗していたマジョルカ発ロンドン行きの飛行機が他の飛行機と接触事故に遭い、ナント市近郊で大破し、乗客全員が死亡した。だが、レディングは著書で「ジェフリーは実際には飛行機に搭乗しておらず、生存しているのではないか。多数の目撃証言もある」などと主張している。真偽は不明だ。

ヒットチャートはカネで買う——「ペイオラ」とレコード大賞

拙著『芸能人はなぜ干されるのか?』では、日本の芸能界の腐敗の象徴として日本レコード大賞を採り上げている。

レコード大賞は、一九五九年に始まってほどなく、賞を獲った歌手のレコードの売上が伸びることが分かり、審査員買収の噂が囁かれるようになった。八〇年代になると工作資金を抑えるため談合が横行し、二〇〇五年には審査委員長が変死するという異常事態まで起きた。

◆ラジオDJ＝アラン・フリードのペイオラ・スキャンダル

アメリカの音楽業界もかつては日本と同じような問題があった。ヒット曲をお金で買う「ペイオラ」と呼ばれる悪しき慣習だ。

ペイオラというと、アラン・フリードとともに語られることが多い。フリードは、一九五〇年代に人気を博し、アメリカでもっとも有名だったラジオＤＪだった。「ロックンロール」という言葉をアメリカに広め、その普及に大きな貢献をした人物としても知られるが、晩年はペイオラのスキャンダルでもみくちゃにされた。

ペイオラとは、支払いの意味の「pay」とかつてＲＣＡビクターが販売していたレコードプレイヤーの「ビクトローラ（Victrola）」の合成語で、レコード会社がＤＪにリベートを払い、その見返りとして番組でレコードをオンエアしてもらう賄賂のことだ。もともと、ラジオＤＪは生活が不安定で賃金も低かったために、ペイオラに頼っていたが、五〇年代になると業界中に蔓延し、ＤＪにカネを握らせなければ、レコードはオンエアされないという状況にまで陥っていた。

インターネットのない時代、メディアはレコード業界で絶大な権力を持っていた。そして、選曲の権限を握るＤＪたちにレコード会社のプロモーション担当者が群がった。

それを象徴するのが五九年五月にフロリダ州バルハーバーのアメリカーナ・ホテルで開催された「ディスクジョッキー・コンベンション」というイベントだった。

このイベントは五十社近くのレコード会社が協賛し、アメリカ中から二五〇〇人ものＤＪが招待され、四日間にわたって二十四時間、レセプションやパーティー、コンサート、ハバナへの旅行を賭けたゲームなどがすべて無料で提供されるという大盤振る舞いが行われた。

会場に着いたＤＪには、ＲＣＡから一〇〇万ドルの疑似通貨が「遊興費」として手渡され、それを元手にギャンブルをすることができ、疑似通貨と引き替えにステレオセットやカラーテレビ、洋服、ヨーロッパ旅行のチケット、高級車などが提供された。会場となったホテルでは、マリファナや売春婦が溢れ、文字通り酒池肉林の観を呈していた。

だが、ヒットチャートをカネで操作するペイオラは、アンフェアで非アメリカ的であるとして、世間から非難を浴びることとなった。五八年、下院議会はペイオラを違法とする法律を制定した。

六〇年五月十九日、フリードは収賄の疑いで逮捕された。その後、フリードを含む多くの有名ＤＪが公聴会に召喚され、長年にわたって業界でペイオラが浸透していた事実が明るみに出た。六二年、フリードは罰金と執行猶予付きの実刑判決が下され、業界から追放されてしまった。経済的にも困窮したフリードは、アルコール依存症となり、六五年、肝硬変などを患い、四十三歳という若さで死んだ。

　とは言え、この一連のスキャンダルを経てもペイオラが完全になくなったわけではない。レコード会社が独立系のプロモーション会社と提携し、そのプロモーション会社がラジオ局に賄賂を渡せば違法とは認定されないという抜け道があったからだ。

　だが、二〇〇〇年代に入ると、この抜け道も問題視されるようになり、連邦通信委員会（ＦＣＣ）が違法性を認定した。大手のレコード会社やラジオ局が次々と、司法当局によって告訴され、それぞれ巨額の罰金を支払わされた。

◆日本レコード大賞——事務所間のパワーゲーム

　翻って日本の芸能界はどうだろうか？

　その年のもっとも優れた楽曲に与えられることになっている日本レコード大賞は、六四年の第六回から「黒い霧」と呼ばれるスキャンダルが持ち上がり、今も事情はあまり変わっていない。


　二〇一四年もライジングプロダクション所属の西内まりあが八月にＣＤデビューすると、直後にレコード大賞の最優秀新人賞に内定したと報じられた。西内は実力未知数のほぼ無名の新人だが、ライジングでは安室奈美恵の独立騒動が持ち上がっており、安室の後継者として西内を育成したいという強い意向があったという。

　日本の芸能界には「実力主義」という言葉はない。そこで繰り広げられているのは、事務所間のパワーゲームでしかないのである。

ちあきなおみ――
芸能界の醜い力に消された『喝采』

ちあきなおみと言えば、もはや伝説的な歌手だ。一九七八年、郷鍈治《えいじ》との結婚を機に芸能界の第一線から退き、九二年に郷が亡くなると引退状態となってしまった。

ちあきは四七年、東京都板橋区で生まれ、十代のうちは米軍キャンプやジャズ喫茶、キャバレーなどを回って歌う下積み生活を送ったが、六九年、二十一歳の時に『雨に濡れた慕情』で日本コロムビアからデビューした。

七二年、代表作の『喝采』でレコード大賞を受賞し、歌手としての最高の栄誉に浴したが、次第に芸能界での居場所を失っていった。

◆捏造スキャンダルの嵐で芸能活動から遠ざかる

七五年六月、ちあきはそれまで所属していた三好プロから独立し、交際していた郷鍈治が俳優を廃業して、ちあきの個人事務所の社長に就任した。三好プロとは、以前からギャラなどで揉めていたという。ちあきの独立に対し、ちあきが十三歳の頃からマネージャーを務めた、三好プロの社長、吉田尚人は、ちあきとにしきのあきらが熱愛し、何度も中絶したことなど、でっち上げを含めた過去のスキャンダルを暴露し、ちあきにダメージを与えた。

さらにちあきは所属レコード会社である日本コロムビアとも関係が悪化した。ニューミュージック路線を行きたいちあきと演歌路線で売り出したいコロムビアの間で衝突が始まり、七七年春ごろには、ちあきが担当プロデューサーを更迭するよう主張するという事件が起きた。

そして七八年四月二十八日、ちあきは郷と二人だけで東京、目黒の氷川神社に参拝し、その足で目黒区役所に入籍届を提出して結婚した。結婚の事実は同年五月に入ってから報じられたが、コロムビアは入籍の事実も結婚の発表も事前に知らされていなかった。

さらに、ちあきは結婚発表の記者会見の席上、コロムビアとは再契約する意思がなく、一年間の休養に入ることを宣言。七月、メンツを潰された格好のコロムビア側は「私どもとしては、歌手を断念したと判断せざるをえなかったわけです」として、ちあきに契約解除を申し渡した。

◆レコード業界の自主規制？——カムバック作は発売直前にお蔵入り

七月末、ちあきと郷は港区南麻布に喫茶店を開いた。しばらく芸能活動から遠ざかったものの、カムバックの機会を窺っていた。新しいレコード会社と交渉をしていたとも伝えられたが、話はなかなかまとまらなかった。

これについて、『週刊朝日』（一九七八年九月八日号）は、「このほど、所属のコロムビアレコードから、契約の『解除』を申し渡され、おまけにレコード業界の暗黙の協定とかで、当分は他社での吹き込みも困難。歌手生命までが危ぶまれている」としている。また、『女性自身』（一九七八年八月二十四日・三十一日合併号）は、「コロムビアが先手を打って解約書を発送したのは、〝うちは、ちあきなおみを切ったんだ〟という姿勢を明らかにして、ほかのレコード会社を牽制したんだと思う。これで、ほかのレコード会社は、ちあきなおみと契約しにくくなった」という関係者の声を紹介している。

八〇年には、映画『象物語』（東宝東和）のテーマソングとして、ちあきの『アフリカのテーマ・風の大地の子守唄』『アフリカン・ナイト』の二曲が採用され、CBSソニーから同年二月二十五日に発売される予定になっていた。

当時の報道によれば、ソニーはちあきの起用を決めた際、夫の郷に対するアレルギーがあるとか、ちあきと郷が別居状態になったといった報道もあった。業界全体でちあきと郷を離婚させようという動きでもあったようにも見える。

だが、結局、カムバック作は発売直前になってお蔵入りとなってしまった。映画ではちあきが歌っているにもかかわらず、レコードは黛ジュンが代役として吹き込んだものが発売されるという異常事態となった。さらに発売されたレコードは、制作現場の混乱により、初回プレス七万枚のうち五〇〇〇枚が「A面・黛／B面・ちあき」というミスプリントが発生し、回収騒ぎが起きるというおまけまで付いた。この騒動について、マスコミでは「ソニーがコロムビアに遠慮した」と囁かれた。

◆芸能界に幻滅した伝説歌手の隠棲

その後、ちあきは女優として芸能界に復帰し、歌もビクターやテイチクから何曲かリリースしたが、九二年に郷が死去すると、芸能活動を完全に休止した。

ちあきなおみは、どうして芸能界から去ってしまったのか？『週刊文春』（二〇一一年十月六日号）で元音楽関係者が次のように指摘している。

「当時、ちあきが個人事務所だから〝横取りされた〟というキナ臭い話が出た。それを耳にしたちあきは、『芸能界はこんなに汚い世界なの』と泣き叫んだという。そこで芸能界そのものに幻滅したのが、隠棲の遠因でしょう。夫の死後は、芸能界の人と話をする気もなくなったという話です」

郷が死んで以来、都心にある郷の墓を喪服を着て訪れる、ちあきの姿がたびたび目撃されているが、マスコミの取材には一切応じようとしない。

今陽子――『恋の季節』ピンキーの復帰条件は「離婚」

渡辺プロダクション元取締役の松下治夫は、著書の『芸能王国渡辺プロの真実。―渡辺晋との軌跡―』（青志社）の中でこう述べている。

「女性タレントを扱っていて、かならずといっていいほど直面するのは、やはり恋愛問題だ。恋愛沙汰というのは、タレントの商品価値を落とすことに直結する。イメージを損なってしまったら、その時点でそのタレントは終わりになってしまう。だから、ぼくらも慎重にならざるをえない。ぼくなんかは単刀直入に、恋愛をやめろ、と言う」

これが芸能界一般の常識である。先に紹介したように、ちあきなおみも郷鍈治との結婚を機に芸能活動が停滞し、カムバックの報道とともに離婚報道を流されたが、かつてボサノバグループのピンキーとキラーズで一世を風靡した今陽子も仕事のために業界から離婚を強要されたタレントの一人だった。

◆一九六八年の『恋の季節』

今陽子は一九六七年にビクターレコードからデビューしたが、曲はヒットせず、六八年にキングレコードに移籍した。そして、新たに結成されたグループ、ピンキーとキラーズのボーカル、ピンキーとなり、リリースされた『恋の季節』が二四〇万枚という大ヒットを記録。一躍、国民的アイドルとなった。

だが、ピンキーとキラーズは七二年に解散し、今の人気も下降線をたどっていった。私生活では、七四年にモデルの松川達也と結婚し、順調だったが、ピンキーとキラーズとしてデビューしてから十年目の七八年に突如として離婚騒動が持ち上がった。

七八年四月十五日、松川が深夜に帰宅し、翌日、友人を招いて麻雀をすることを思い出し、「おい、あしたマージャンするんだったら、おれがメンバー集めるぞ」と今に言った。すると、今は「私、それどころじゃないわよ。いまはそんな気になれないわ」と言葉をにごし、そのうち、真剣な顔をして「離婚したいんだけど……」と切り出した。

その理由は、「まわりの人たちからもいわれるの。〝このままの状態では中途半端になっちゃう。歌手としてもういちどやりなおすんだったら離婚したほうが、家庭をたいせつにするんだったら、歌手をやめるほうがいいんじゃないか〟って」という。

そして、四日後の四月十九日、松川が目を覚ますと、すでに今は仕事で仙台に出かけており、置き手紙を残していた。手紙の文面は次のようなものだった。

「達也さんへ。なんだか、こういうことになってしまってごめんなさい。でも本当に楽しく平和な結婚生活でした。達ちゃんはやさしすぎるのです。だから私は悩むのです。そして理解がありすぎるのです。だから私は困ります。

(中略)

しばらくはさわがれるのでたいへんだけど、落ち着いたら、又デートをしたり食事をしようね。だからあんまり悲しまないで仲よく別れましょう。

ヘンな云い方だけど、お互いにこんなに好きなんだから、又人生のチャンスがあるかもしれないし、家へも(どこになるかわからないけど)遊びに来てね。とにかく一人になって達ちゃんが心配です」

そもそも、今と松川が出会ったのは、七四年二月、東京、帝国劇場で行われたファッションショーでのことだった。当時、トップモデルだった松川にゲストで招かれた今が一目惚れし、知り合って三カ月後に婚約を発表し、十月にホテルオークラで盛大な披露宴を開いた。手紙にあるように夫婦関係も円満そのものだった。突然、離婚を突きつけられた松川は、悪い夢でも見ているような思いがしたが、ともかく五月三十日、二人は正式に離婚した。

◆復帰条件に「離婚」を強要される

離婚の原因は何だったのか。

『週刊平凡』（一九七八年五月十一日号）に、この離婚騒動の内幕が書かれている。

七八年一月ごろ、人気が低迷していた今に「もういちど死にもの狂いで再起してみないか」として新曲『誘惑』の仕事の話が舞い込んできた。今は周囲から「離婚してでもやる気があるのか」と問いただされたという。

さらに二月、西武劇場の八月公演での出演オファーが入ってきた。その時も「ヌードになれるか」「ピンキーという名を使えるか」「離婚できるか」という三つの条件が突きつけられたという。

仕事に行き詰まり、悩んでいた今は、これに飛びつき、離婚を決意したのである。離婚後、今は「恋はしたいけど、もう結婚はしないつもり」と語った。

日本では、八五年に男女雇用機会均等法が施行され、現在も首相官邸に「すべての女性が輝く社会づくり本部」が設置され、女性が家庭と仕事を両立するための環境づくりが推進されてきたが、芸能界はどうだろうか？

近年も女優の沢尻エリカが高城剛と結婚してから、所属事務所との関係が悪化し、その後、芸能界復帰の条件として離婚が突きつけられ、二〇一三年に離婚が成立した。

芸能界では今も昔も明確な人権侵害が公然と行われているにもかかわらず、それに対して非難の声が上がったことがない。一種の治外法権のような世界なのである。

岩崎宏美——芸能界の人間関係が白から黒へ豹変する瞬間

一九八四年九月一日、歌手の岩崎宏美が所属事務所、芸映から独立した。岩崎宏美の独立事件は、芸能界では典型的な部類に入る。

中学三年生の時、『スター誕生！』（日本テレビ）に応募した岩崎は、番組の最優秀賞を受賞して八社からスカウトされ、日本テレビ審査委員会の仲介で芸映と契約することが決まった。七五年、『二重唱（デュエット）』でデビューすると、その年のレコード大賞新人賞を受賞し、『紅白歌合戦』にも出場した。

その後も順風満帆な歌手生活を送った岩崎だったが、八四年、転機が訪れた。岩崎は歌の仕事だけでなく、ミュージカルに挑戦したいと考えるようになったのだった。だが、ミュージカルに出演するためには、少なくとも一カ月は稽古しなければならず、その間は歌の仕事はできない。所属事務所にとって、割に合わない芝居のために歌手としての活動ができなくなることは認められなかった。

結局、岩崎は独立の道を選び、個人事務所、スリー・ジーを設立した。ほどなくして岩崎が所属していた芸映は挨拶状を関係各所に送付したが、文面には「今後ともよろしく」という文言がなかった。

前年の八三年には西城秀樹が芸映から独立していたが、この時は円満退社だと言われ、干されることもなかった。だが、岩崎独立の際は、円満退社ではなく、喧嘩別れだという噂が広まった。岩崎は干され、テレビへの露出が極端に減った。

◆逆らった芸能人をテレビから締め出す音事協と大手芸能事務所の圧力

芸映といえば、六五年設立の老舗芸能事務所で、河合奈保子や石川秀美、岸本加世子など十数人のタレントが所属する大手だった。テレビ局にとって芸映の存在感は大きい。岩崎と勝手に仕事をすれば、芸映との関係が悪化してしまう。テレビ局は岩崎の起用を控えるようになった。

芸映の鈴木力専務は『週刊大衆』（一九八五年一月二十

八日号）で次のように語っている。

「タレントを契約という紙切れ一枚で押えられるものではない。人と人の関係が基本、タレントを押えられなくなったら終わりだ。このプロダクションに居たから売れた、この人から離れたらダメになる、とタレントに思われなくてはダメだ。情熱を注げばタレントはついてくる。ほかではそうはならないことをよく知っている。プロダクションがタレントからなめられたら終わりですよ」

そして、それ以上に大きいのが多くの芸能事務所が加盟する音事協の存在だ。どの芸能事務所にとっても所属するタレントが独立されることは痛手だ。岩崎の独立を認めれば、雪崩を打って他の事務所のタレントにも独立の機運が広まりかねない。大手芸能事務所は音事協を軸に結束し、テレビ局に対して岩崎を起用するなという圧力をかけ、後に続くタレントが出てこないよう共同戦線を張ったと言われる。

芸映の社長、青木伸樹が音事協の会合の席で「岩崎の独立に協力するな」と発言したという噂が流れた。エイビーシープロモーションの会長山田廣作は、こう述べている。

「（岩崎が）消えて当然だと思いますよ。それくらいの〝見せしめ〟は必要ですよ。音事協も断固たる処置をとったほうがいい」（『週刊大衆』一九八五年一月二十八日号）

芸能界で孤立した岩崎は、当時、このように語っていた。

「ウーン、一時、対人恐怖症みたいになったことはありましたね。そのとき人間ってオセロ・ゲームみたいだなあと思いました。いままで自分にとって白だと思っていた人が突然、黒にひょう変していくんですから（笑い）」

（『週刊女性』一九八五年四月二日号）

薬師丸ひろ子——「異端の角川」ゆえに幸福だった独立劇

これまで、事務所から独立したために干されたタレントを多く紹介してきたが、独立後も干されないケースもある。そのひとつが、角川春樹事務所から独立した女優の薬師丸ひろ子のケースだ。

薬師丸は、十三歳の時に一九七八年公開の角川映画『野性の証明』の一般公募オーディションでヒロイン役に抜擢され、スクリーンデビューし、角川春樹事務所に所属した(出版事業を展開する現在の角川春樹事務所とは別会社)。その後も、多くの角川映画に出演したが、特に八一年に公開された『セーラー服と機関銃』のヒットで一躍、スターとなった。

そして、八五年一月、前年十二月に公開された『Wの悲劇』でブルーリボン賞主演女優賞を受賞した授賞式の席上、「二十歳をすぎましたし、そろそろただのアイドルではなく、いろんな傾向の作品に挑戦して、芸域を広げたい。そのためにもフリーになりたいんです」と発言。

同年三月二十六日、七年間所属した角川春樹事務所から独立することとなった。

◆薬師丸の独立に寛容だった角川春樹

当時の報道によれば、薬師丸の年収は二三〇〇万円。映画の年間配給収入が約四〇億円と言われていたが、稼ぎの割りに収入は多くはなく、ギャラへの不満が独立の理由と見る向きもあった。また、角川春樹社長が原田知世に力を入れだしたことや、自分で仕事を選べないことに対する不満も独立の原因ではないかと言われた。

通常、タレントが事務所から独立すると、元所属事務所や音事協からの妨害やマスコミのバッシングが付きものだが、薬師丸の場合、そのようなことはなかった。

それどころか、薬師丸をめぐって、各芸能事務所が激しい争奪戦を繰り広げ、契約金が二億円まで高騰したといった噂が流れるほどで他の事務所への移籍説も持ち上がったが、結局、薬師丸は完全なフリーとして個人事務所、オフィス・メルを設立し、自ら社長に就任した。独立後の薬師丸には、仕事の依頼が殺到し、同年十二月には、独立後第一作の映画『野蛮人のように』(東映)が公開され、配給収入は八六年の邦画で二位の一四・五億円を記録した。

角川春樹は、事務所を去る薬師丸に対し、仕事ができないよう圧力を加えるどころか、「ひろ子ならやれる、独立してひとりでやるなら」というはなむけの言葉を贈ったという。

◆出版から異業種参入した角川映画の栄枯盛衰

一九八〇年代の角川映画と言えば、薬師丸ひろ子、原田知世、渡辺典子の「角川三人娘」が支えたが、薬師丸が去ると、三人娘が所属していた角川系列のマネジメント事務所が解散し、角川春樹事務所に吸収された。この時点で角川社長は女優育成に情熱を失ったと言われ、八七年になると渡辺、原田が相次いで独立してしまった。八〇年代末になると、人気タレントの流出の影響もあり、角川映画は急速に力を失い、本格的に映画事業に参入したフジテレビがそのお株を奪っていった。九二年、角川春樹事務所は角川書店本体に吸収され、幕を閉じた。

なぜ、角川春樹事務所は「タレント管理」で失敗したのだろうか。

そもそも、角川グループの本業は出版業であり、映画事業は角川文庫の売上げ拡大を狙ったメディアミックス戦略の一環であった。芸能事務所事業は、映画事業の展開のために始めたにすぎず、経営の核ではなかった。芸能事務所部門を失っても角川グループとしては大きな痛手を受けなかったのだ。

一方、いわゆる「芸能界」の芸能事務所は、タレントの斡旋による売上が本業であり、タレントが勝手に独立したり、移籍されることは死活問題となる。そのため、芸能事務所の業界団体、音事協では、タレントの移籍を禁じ、独立阻止で団結している。

映画界でもかつては五社協定と呼ばれるカルテルが存在し、映画メジャー同士で、俳優の引き抜きを禁じ、独立を阻止していたが、観客動員数の低迷により七一年ごろに俳優の専属制度は崩壊していた。

角川映画は、七六年に第一作『犬神家の一族』で出版という異業種から映画事業に新規参入し、一時代を築いたが、過去の五社協定のような俳優の専属制度を守るカルテルを復活させることはできなかったのである。

八代亜紀――男と共に乗り越えた演歌という名のブルーノート

カルテルや暴力、ギャラ、男女関係など、これまで解説してきたようにタレントの独立や移籍には、いくつかのパターンがあるが、それらが複雑に絡むのが、演歌歌手、八代亜紀のケースだ。

八代は、中学校を卒業してから、十五歳で熊本から上京し、歌手を目指して銀座のクラブで歌っていたが、読売テレビのオーディション番組『全日本歌謡選手権』で十週連続勝ち抜きでグランドチャンピオンに輝き、一九七一年、テイチクより『愛は死んでも』でデビューした。七三年には『なみだ恋』が一二〇万枚を売り上げる大ヒット曲となり、スター歌手の仲間入りを果たした。

◆一九八〇年の『雨の慕情』――縁起の良い八並びの年にレコード大賞を掴み取る

八〇年には、五木ひろしと一騎打ちでレコード大賞獲得を争ったが、この戦いは事前運動で多額のお金が飛び交い「五八戦争」と呼ばれた。それまで八代は、実力派と言われながら、なかなかレコード大賞を獲れなかったが、この年はデビュー八周年であり、八代、八〇年代最初の年と、八並びで縁起が良いことから、八代陣営は大賞獲りに力を入れていた。「八代はレコード大賞を獲れなければ、所属事務所の六本木オフィスから独立する」とも言われていたが、結局、一億円も投じて事前運動を展開したと言われた八代が『雨の慕情』で大賞を獲得した。

ところが、翌八一年、八代のレコード売上は激減してしまった。これに不満を持った八代は、事務所からの独立を口にするようになった。頭を抱えた六本木オフィスは、業界の実力者で長良事務所を経営する長良じゅん（神林義忠）に依頼し、長良が八代の独立を阻止したと言われる。

とはいえ、その後も八代のレコードは売れず、八代の不満は募り、その矛先が所属レコード会社であるテイチクに向けられた。八一年十二月、八代はテイチクとの契約を解除した。

◆八代が出逢った男たち

八代がテイチクとの契約を解除した直接の理由は、テイチクの社員で八代の担当ディレクターだった中島賢二の退社だった。二人は八代が『全日本歌謡選手権』に出場していたころから交際していた。中島は妻子がある身ながら、八代の愛人と言われ、八代の個人会社の取締役も務めていた。

だが、八代のレコードの売れ行きが落ちていくと中島は社内での立場を失っていった。八一年暮れ、八代は契約更新の条件として中島の昇進を申し入れたが、テイチクはこれを受け入れず、中島は退社に追い込まれた。八代は「育ての恩人に冷たくしたテイチクにはいられない」と主張し、テイチクとの契約を解除した。

八二年一月、八代のためのレコード会社としてセンチュリーレコードが設立され、中島の友人でハワイで不動産業を営む清原兼定が社長に就任し、八三年には中島も取締役として経営に参画した。

センチュリーレコードは、発足一年目は年商四億円とそれなりに稼いだが、八代の不振もあって次第に業績を悪化させていった。センチュリーとしては八代以外の歌手も売り出したかったが、そうすると八代が機嫌を損ねてしまう。センチュリーレコードは、赤字に転じた。

八三年、八代が新宿コマ劇場で舞台の稽古をしていた時に腰を痛めるアクシデントが起きた。本来ならば、ゆっくり休養を取るところだが、火の車のセンチュリーは八代に仕事を求めざるをえなかった。この頃から、八代と中島は口論するようになり、八五年の初夏には完全に破局したという。そして、八代の新しい恋人として浮上したのが山口組三代目組長、田岡一雄の長男で実業家の田尾満だった。

八五年秋、八代は六本木オフィスから独立し、新事務所、AKI音楽事務所を設立した。この動きに六本木オフィスの幹部は激怒し、「八代をこの業界から追放してやる」と息巻いていたという。さらに八代は八六年一月十六日、センチュリーレコードからコロムビアレコードへの移籍を発表した。寝耳に水のセンチュリーレコードは、これに慌てた。センチュリーレコードには、八代以外には有力歌手が所属していないから、八代の流出は経営危機に直結する。マスコミは、中島との関係終結が移籍の原因とはやし立てた。

レコード会社の業界団体である日本レコード協会には、レコード会社間での歌手の引き抜きを禁じるカルテルがあると言われる。また、大手芸能事務所が加盟する業界団体である音事協もタレントの引き抜き禁止、独立阻止で一致団結している。

私が調べた限りでは、レコード業界のカルテルの拘束力はあまり強くない。問題は芸能事務所間の移籍、独立だ。大手芸能事務所から独立して、干されたタレントは数知れない。

◆男を後ろ盾にレコード会社の圧力を乗り越える

八代の一連の独立、移籍劇の背景について、芸能ジャーナリストの本多圭は、こう指摘している。

「いろいろな情報が乱れとんだ。その中で信ぴょう性がある話がひとつだけあった。その内容は、『八代が田岡にレコード会社を移りたいと相談をもちかけたんです。そこに田岡がお嬢（美空ひばり）になんとかしてやってくれと頼み、それをお嬢がコロムビアの正坊地《しょうぼうじ》会長にリレーした』というものだった。（中略）寄ってたかって、八代潰しに奔走するはずだ。ところが、そういう声があったものの、動いた様子は見当たらない。八代のバックに田岡の気配を感じたに他ならないからと言えまいか」（『噂の真相』一九八六年十月号）

女性タレントの独立、移籍事件が起きると、しばしば「男が入れ知恵をしている」と報じられる。女性タレントの独立、移籍を阻止するには、バックにいる「男」を潰さなければならない、というのが芸能界の論理であり、メディアもそれに引きずられる傾向がある。

近年のケースで言えば、沢尻エリカの独立や小林幸子の事務所社長解任事件、安室奈美恵の独立なども、その構図の中で起きている。だが、八代の場合、バックにいた男というのが暴力を背景に興行界に影響力を持つ大物であり、芸能界としても潰すに潰せない相手だったという点で事情が大きく異なるのだ。

結局、八代に去られたセンチュリーレコードは、有効な対抗策を打ち出せず、八六年七月に二度目の不渡り手形を出して事実上の倒産状態となった。一方の八代は翌月八月二十二日にコロムビア移籍第一弾シングル『港町純情』をリリースし、その後も芸能活動を続けていった。八代は男を乗り換えながら、自分の芸能人生を切り開く、たくましさを持っていたのである。

堀ちえみ——ホリプロから離れ大阪拠点で芸能界に復帰

一九八三年、「ドジでノロマな亀」の日本航空の客室乗務員訓練生、松本千秋を『スチュワーデス物語』（TBS）で演じ、大ブレイクした堀ちえみは、その四年後の八七年三月、二十歳の誕生日を迎えた直後に芸能界から忽然と姿を消した。

ちえみは、八一年にホリプロタレントスカウトキャラバンで優勝し、ホリプロに所属し、翌年八二年、『潮風の少女／メルシ・ボク』でレコードデビューした。そして、その翌年に『スチュワーデス物語』の放送が始まり、大ヒット。ちえみの存在は社会現象となった。一見すると順調なタレント人生のようにも見えるが、あまりの人気ぶりにちえみはプレッシャーに押しつぶされたのだった。

八七年三月、ちえみは体調の悪化を理由に芸能活動を停止し、以降、実家のある大阪で休養し、事実上の引退状態となった。

◆作曲家＝後藤次利との不倫スキャンダル

確かにちえみの体調は極度に悪化していた。デビュー当時、五〇キロあった体重は、一年ほどの間に一四キロも減って三五キロになり、「拒食症ではないか」と囁かれ、慢性的な不眠や胃痛にも悩まされた。

その主な理由とされたのが、作曲家の後藤次利との関係だった。八六年七月、深夜、後藤がちえみのマンションから二人で出てくる写真を『ＦＲＩＤＡＹ』が掲載し、波紋が広がった。後藤は妻子ある身であり、二人の関係は許されざるものだった。

また、当時、後藤はおニャン子クラブをはじめとするアイドルの楽曲を多数手掛ける売れっ子だったが、ちえみは芸能界を代表するホリプロに所属していた。業界でホリプロを敵に回して仕事をすることはできない。二人の関係はあっけなく破局した。

◆ホリプロにコキ使われ、身も心もボロボロに

休養宣言をした際のちえみの発言を当時の週刊誌から

拾ってみよう。

「もう東京に戻ってくることはないでしょう。それに二年、三年経ってからも受け入れてくれるのかわからないし、それが通じるほど甘くないですからね、この世界は」

「アイドルは人形じゃないんだし、私は自分の主張をもって生きてきましたから」

「芸能界に入ったのが間違いだった。今は体を治すことに専念したい」

「大人たちのトラブルに疲れました。芸能界に未練はありません」

「忙しいときには毎日、二、三時間しか睡眠がとれませんし、食事も楽屋やスタジオなんかでは、一〇分ぐらいで折り詰めのお弁当をかき込まなければなりません。ぜいたくいうわけじゃありませんが、毎日毎日、同じような幕の内じゃ食欲もなくなりますよ」

「（『スチュワーデス物語』出演中には、一シーン撮影するのに三度も四度も倒れたことさえあったが）だからといって、簡単に休んだりはできないわけです。私が穴をあけると、制作会社とホリプロの間がこじれちゃう。ホリプロには先輩や後輩もいるから、私のために迷惑はかけられないと、無理を重ねることになるんです」

「おカネですか。何も残りませんでしたね。私の場合、親も元気に働いているから、収入は少なくてもいいと思っていたんです。いま思えば、もう少し親孝行をする方法があったんじゃないかと……」

ちえみはアイドルとして大成功を収めた。だが、ホリプロにいいようにコキ使われ、稼ぎの大半は搾取され、私生活も極端に制限され、文字通り身も心もボロボロになってしまったのだった。バカらしくてやってられない、というのが本音だったのだろう。

ホリプロの常務、石村匡正は、「休養して健康になり、ちえみがもう一度芸能活動をやりたいと考えたときの受け皿を用意しておいてやるべきだと私たちは思っています」と述べていたが、ホリプロとちえみの亀裂は修復されなかった。

◆大阪拠点で芸能界に復帰した理由

ちえみは外科医との結婚を経て休養宣言の二年後の八九年、松竹芸能に所属して芸能界に復帰した。ホリプロの圧力で芸能界復帰は絶望的という説もあったが、松竹芸能の本拠地である大阪はホリプロの勢力圏外だったのだ。

今でもちえみが出演するのは、大阪のテレビ番組が多いが、その背景にはホリプロとの確執があるのではないだろうか。

松田聖子——音事協が業界ぐるみで流布させた「性悪女」説

元祖ぶりっ子にして一九八〇年代を代表するアイドル歌手の松田聖子は数多くのスキャンダルにも見舞われたが、その中でも最も大きな試練となったのが八九年に起きたサンミュージックからの独立事件だった。

聖子は七八年にCBSソニーが主催したミス・セブンティーンコンテスト九州地区大会で優勝し、翌年、サンミュージックに所属し、上京。八〇年、『裸足の季節』でデビューすると、瞬く間に人気歌手となった。

そして、サンミュージックに所属してから十年後の八九年六月六日、聖子はサンミュージックの社長、相澤秀禎を自宅に呼び出して、独立を宣言した。六月末、契約解除となり、CBSソニー関係者の協力を得て、八月に東京都港区乃木坂の近くに新事務所、ファンティックを立ち上げた。

◆独立直後に始まった業界ぐるみの「聖子排除」

独立の決断について聖子は、インタビューで「自分の生き方、仕事、そういうものに対して、〝自分で〟責任を持ちたいと思ったんです」(『週刊明星』一九八九年八月三十一日号)と説明している。聖子は九〇年になると、「Ｓｅｉｋｏ」の名でアメリカに進出しているが、独立はその布石だったのだろう。

だが、サンミュージックにとって売上の多くを占める聖子の独立は大きな痛手だった。相澤は、昼から飲めないビールを飲み、周囲に「寂しい」と漏らした。他の芸能事務所にとっても、聖子の独立は所属タレントに影響を与えかねず、断じて許すことはできない。業界全体で「聖子排除」の動きが広がっていった。

『週刊大衆』(一九八九年九月四日号)で芸能リポーターの梨元勝が「彼女の場合は強引さが問題なんです。音事協(日本音楽事業者協会)の中にも、個人的見解として、今後同じようなことが起こっては問題、といっている人が何人かはいると聞いています」と述べている。芸能評論家の藤原いさむは「相澤さんが彼女の今後の活動を邪魔するなんてことはないだろうし、そんな人間ではありません。しかし、周囲や業界はどうみますかね」とコメントしている。

音事協加盟の各芸能事務所が聖子と自社所属タレントとの共演拒否をテレビ局に申し入れたため、聖子はテレビ出演の機会を失った。『紅白歌合戦』も落選し、ＣＭの契約も次々と打ち切られた。

サンミュージックは聖子の独立に際して、他の芸能事務所の協力を借りないことを条件として課していたから、聖子は芸能界で孤立した。

サンミュージックの会議室から聖子の写真が取り外されると、マスコミは号令をかけられたかのように聖子バッシングに走った。八九年七月十一日には、中森明菜が自殺未遂事件を起こしたが、「明菜の恋人である近藤真彦と聖子がニューヨークで不倫していたのが原因」などと、男性関係の噂話が次から次へと取り沙汰された。

そして、「独立の難しさを思い知らされた聖子は、詫びを入れたうえでサンミュージックに復帰する」という憶測記事が増えていった。インタビュー記事で聖子は当時を振り返って「人と会うのが恐った」と語っているが、独立の信念を曲げなかった。

◆音事協とマスコミのネガキャンが作り出した「聖子＝性悪女」というパブリックイメージ

八九年十一月十五日、聖子は『夜のヒットスタジオSUPER』（フジテレビ）に出演し、新曲『Precious Heart』を歌った。前年の『紅白』以来、約一年ぶりのテレビ出演となったが、聖子以外の出演者は聖子と同じCBSソニー所属の歌手や俳優ばかりで、他のレコード会社所属の歌手は一人も出演していなかった。また、CBSソニー所属でも音事協系芸能事務所所属タレントは出ていなかった。音事協の幹部は番組の責任者に「どうして聖子を出したんだ」と激しく抗議したという。それだけでは飽き足らなかったのか、後日、週刊誌で「音程が外れていた」という相澤などのコメントが掲載された。

松田聖子といえば「性悪女」のイメージが強い。二〇〇〇年代までは週刊誌が「嫌いな女ランキング」を掲載すると、必ず上位につけていた。だが、そのイメージの大部分は聖子が独立した際、芸能界の意向を受けたマスコミが過剰なバッシングをした結果、大衆の脳裏に刻まれたものなのである。

南野陽子――聖子独立直後の業界圧力に翻弄されたスケバン刑事

松田聖子の独立の直後に起きたのが南野陽子の独立だった。

南野は、一九八五年に『恥ずかしすぎて』で歌手デビューし、同年十一月から『スケバン刑事Ⅱ　少女鉄仮面伝説』（フジテレビ）で主役の二代目麻宮サキを演じ、トップアイドルとなった。

◆大御所＝都倉俊一に口説かれアイドルの道へ

南野はもともと劇団青年座に所属していたが、作曲家の都倉俊一が「アイドルとして育てたい」と口説き落とし、テレビ番組制作会社大手の東通や大手広告代理店と組み、南野を売り出すためにエスワンカンパニーを設立し、自ら代表取締役となっていた。

ところが、八九年五月末、南野がエスワンカンパニーに対し、八月末の契約切れと同時に独立を希望する内容証明を送付したことから、独立騒動が表面化した。

当時の報道によれば、南野が独立を思い至ったのはスタッフへの不信があったという。スタッフがスケジュール調整をミスしてドラマ出演を断念せざるをえなくなったり、南野自身がテレビ局に謝罪することさえあったという。また、事務所から言われた通りにアイドルをすることにも南野は不満を募らせ、もっとクリエイティブな仕事を志向していたという話もあった。

当時のエスワンカンパニーの売上は一一億五〇〇〇万円程度とされていたが、そのうちの九八％はトップアイドルだった南野関連だったから、南野に独立されてしまえば、会社は存亡の危機を迎える。また、同社は「南野の売り出しのために一億五〇〇〇万円を投資したが、まだ回収していない」という主張もしていた。タレントの独立騒動でよく出てくる話だが、「売り出し費用」なるものが一体いかなるものなのかまともに説明されたことはない。

◆聖子独立騒動直後で危機感を募らせた音事協

『週刊大衆』（一九八九年九月十八日号）に、南野の独立に絡めて、音事協を代表して廣済堂プロダクション社長の長良じゅんがコメントを出している。

「最近のアイドルは〝お行儀〟が悪いですよ。最初は両親ともどもやってきて、手をついて頼み込むくせに、ちょっと売れるとこれだもの。そのときの模様をテープにでもとって、聞かせてやりたいくらいですよ。

（中略）

アイドルたちにはいい先輩というか、いいスタッフがいないね。マネージャーも彼らをしつけることができないんだ。昔でいう〝修身〟がなってないんですよ。私としても〝冗談じゃない〟という感じです。独立すれば当然、敵だって増えるでしょう。それを覚悟でやるんでしょうけど……」

南野の独立騒動が発覚する直前には松田聖子の独立騒動があっただけに、音事協は危機感を募らせていた。独立の動きが他のタレントに広まらないよう、南野を業界から締め出すことを検討した。マスコミも音事協サイドの意向をくみ取り、南野について「独立はワガママ」「松田聖子のマネ」と強く非難した。

◆一度は独立撤回を余儀なくされた南野

音事協のプレッシャーがモノを言ったのか、南野は独立を撤回し、同年八月二十九日のコンサートで「独立はしません」とコメントを出した。

報道によれば、音楽出版権の譲渡問題や独立料で折り合いがつかなかったとか、独立の後ろ盾になると見られていたCBSソニーが手を引いたという話が取り沙汰された。

当初、南野は、いきなり独立するのではなく、まず所属レコード会社のCBSソニーに預かってもらう予定を立てていたという。

松田聖子の独立でもCBSソニーが後ろ盾になっていたから、南野もそれと同じ方式で独立したかったのだろう。だが、CBSソニーほどの大企業でも立て続けにタレントの独立に加勢するとなると、音事協サイドが反発する。CBSソニーが南野の受け入れを拒否したのは、そうした背景があったのかもしれない。

事態は収束したかに見えたが、南野は九〇年になって独立を果たし、個人事務所、サザンフィールドを設立した。この独立は報道もされず、音事協も黙認していたという。サザンフィールドの取締役には、エスワンカンパニーの社長だった舘彰夫が就任していたから手打ちがあったのだろうか。

だが、歌手としての南野の人気は下降線をたどり、九二年には歌手活動を休止することになった。その後、南野は女優業に本腰を入れるためにケイダッシュに移籍している。

◆堤清二まで仲裁に入った南野ケイダッシュ移籍の真相とは？

南野のケイダッシュへの移籍については、『噂の真相』（二〇〇三年十二月号）で触れられている。

当時、南野は音楽面でビーインググループのバックアップを受けていたが、ビーイングと敵対していたケイダッシュがそれを快く思わず、南野をドラマから排除していたという。この時、南野と家族ぐるみで付き合いのあったテレビ朝日のプロデューサーだった皇《すめらぎ》達也とセゾングループの堤清二が仲裁に入り、南野のケイダッシュ入りが決まったという。

どうして、ケイダッシュはビーイングを目の敵にしていたのか？ 同誌の解説によれば、ケイダッシュの会長川村龍夫が、所属女優の高樹沙耶がビーイング代表の長戸大幸と交際していることを聞いて激怒したのが発端だったという。そして、「川村は飯倉のキャンティで長戸を捕まえ、トイレに連れ込んでボコボコにしたそうです。目撃者もかなりいたんですが、長戸はよほど強烈に脅されたのか、かたくなに『自分で転んだ』と言い張ってましたよ」という「ベテラン芸能記者」のコメントを紹介している。

タレントの盛衰は、タレントの能力以前に「政治力」で語られることが多い。政治力とは、「バックはどこなのか？」ということだが、それは視聴者には関係はないし、日本の芸能文化の発展に資するものではない。

中森明菜──聖子と明暗分けた八〇年代歌姫の独立悲話（前編）

中森明菜と松田聖子は、ともに一九八〇年代を代表する女性歌手であり、これまでよく比較されてきた。

聖子がデビューしたのは八〇年だが、その二年後の八二年に明菜はデビューした。二人とも歌謡界で頂点を極め、所属事務所から独立したが、独立後の芸能活動は対照的だった。

◆明菜を手土産に研音社長に就任した日本テレビのプロデューサー

明菜は八一年、十六歳の時、日本テレビの歌手オーディション番組『スター誕生！』に出場し、翌年、『スローモーション』でデビューした。

『スター誕生！』では合計十一社の芸能事務所やレコード会社が獲得の意向を示すプラカードを上げた。このオファー数は記録的なものだったという。その中から明菜が選んだのが研音だった。研音というと、今では大手事務所となったが、当時は有名タレントは一人も所属していなかった。明菜が研音を選んだのは、『スター誕生！』のプロデューサーが研音を推薦し、両親も「研音にしよう」と言ったためだったという。

研音は笹川良一の日本船舶振興会と関係が深く、資金も潤沢だったという。明菜の家族は貧しかった。研音は多額の契約金を積んだのだろう。そして、明菜の研音入りと同時に日本テレビのプロデューサーだった花見赫《あきら》が研音の社長に就任した。花見にとって明菜は研音への手土産のようなものだったと言われる。

◆一九八九年の自殺未遂事件――「だって、私は本当に死ぬつもりだった」

そして、デビューから七年目の八九年に衝撃的な事件が起きた。同年七月十一日、明菜が当時交際していた歌手の近藤真彦の自宅マンションで自殺未遂事件を起こしたのだった。

明菜はデビュー直後、十七歳の時から近藤と交際し、七年間、同棲していた。八九年一月二十三日、二人はパリで家具を購入しているところを目撃されていた。その後、二人はハワイに移動したが、明菜だけが一人で帰国し、近藤はニューヨークに渡った。その頃、ニューヨークには、全米デビューの準備をしていた聖子がいた。

聖子が宿泊していたパークレーンホテルのワンブロック離れたところに、あまり日本人が利用しないエールフランスのホテルがあった。そこで二月二日、三日とかけて聖子と近藤が密会しているところを写真週刊誌に撮られてしまった。

明菜はこれにショックを受け、体重が三六キロにまでやせてしまったという。明菜が自殺未遂を起こしたのは、聖子と近藤の密会報道の三カ月後のことだった。

一時、明菜と親しくしていた元番組ディレクター、木村恵子の暴露本『中森明菜　哀しい性』（講談社）によれば、明菜は「だって、私は本当に死ぬつもりだったし、彼とは七年間もずっと一緒にいたから」と、いつも繰り返していたという。明菜の自殺未遂事件は、巷間言われているように近藤との関係に思い悩んだ末に起きたものだと考えられる。

◆大晦日の謝罪会見――明菜は近藤との婚約発表だと思っていた

この時期、明菜の主導権を握っていたのは、ジャニーズ事務所の副社長、メリー喜多川だった。明菜は事件の後も近藤との結婚を望んでいたから、近藤が所属するジャニーズ事務所との関係を良好なものにしたいと考えていた。近藤と結婚するためには、メリーに気に入られなくてはならない。

自殺未遂事件から二週間あまりした七月二十七日、ジャニーズ事務所はマスコミ各社に明菜がメリーに送った手紙を公開した。その中で明菜は「自分勝手な行動を取ってしまったと反省しています。今度の事は近藤さんにはまったく関係ありません」と述べている。その翌日、近藤のコンサートがあった。

そして、暮れも押し迫った頃、「婚約発表をするから、マッチと一緒にテレビに出てくれ」というオファーが明菜の元に舞い込んできた。電話で連絡していた近藤からも、同じ趣旨のことを言われた。

十二月三十一日、すっかり舞い上がった明菜はめかし込んで記者会見に出かけていった。だが、会場に行ってみると、婚約発表ではなく、近藤に対する謝罪会見だと知らされた。会見で明菜は訳も分からず、近藤への謝罪の言葉を口にさせられた。

明菜に自殺未遂事件を起こされて以来、近藤に対する風当たりは強く、芸能活動も振るわなかった。それを何とか挽回したいと考えたメリーは、明菜の自殺未遂事件と近藤を切り離すべく、あの手この手を使って工作を仕掛けていたのである。

そして、自殺未遂事件から、「みそぎ会見」に至るまでの時期に明菜の独立騒動が持ち上がっていた。

中森明菜――聖子と明暗分けた八〇年代歌姫の独立悲話（後編）

中森明菜が自殺未遂事件を起こしてから、所属する芸能事務所、研音から独立するまで、その背後で大人たちが綱引きを繰り広げていた。

◆メリー喜多川の意向で進んだ明菜の移籍先

一九八九年七月十一日、近藤真彦の自宅マンションで自殺未遂事件を起こした明菜は、しばらく病院に入院した。そして、退院三日前の八月二日、都内某所で関係者が集まって会談が行われた。出席者は、研音社長の花見赫、ワーナーパイオニア社長の山本徳源、ジャニーズ事務所副社長のメリー喜多川、それにメリーが連れてきたMMGレコード社長の小杉理宇造、音楽評論家の安倍寧《やすし》の五人だ。

その席上、メリーは機先を制するように言った。

「あなた方、明菜の自殺の原因が何だか知っているんですか。山本さんの会社の社員のことをいっては何ですが、おたくの寺林さんが明菜を独立させようと画策したからなんですよ。寺林さんは事務所（研音）やスタイリストなどの悪口を明菜に吹き込み、人間不信になった明菜が自殺したんです」

会談は終始、メリーのペースで進み、翌日、小杉が明菜を預かることが決まったという。

ワーナーパイオニアの制作本部長、寺林晁《あきら》は確かに明菜と親しく、明菜の独立に向けた活動を進めていたらしい。自殺事件の二日前にも明菜と六本木で食事をし、「どうして私のマネージャーはくるくる辞めてしまうのか」「事務所に搾取されてしまうのではないか」といった相談に応じていたという。

研音は明菜が入院中、担当医に診断書を要求したが、明菜がそれを拒絶したというし、警察が明菜に事情聴取をした後で花見に対し「おたくの事務所はひどいらしいですね」と言ったという。

また、明菜の母親が「マネージャーにお金を騙し取られたのよ。億単位の金だったから、自殺するのは当たり前じゃない」と明かしていたという話もある。

同年十二月三十一日に行われた「中森明菜復帰緊急記

者会見」で明菜は、「自殺の原因は?」と聞かれ、「私が仕事をしていて、一番信頼していた人が、信頼できなくなったことです」と答えていた。

◆明菜に隠れて金を受け取っていた家族との決別

明菜は自殺未遂事件の後で家族との関係が悪化したが、その理由も研音に関わることだった。明菜が事件を起こして病院に運ばれた時、駆けつけた父親が「事務所やレコード会社に謝れ!」と叱った。実は明菜の家族は、毎月一〇〇万円から二〇〇万円を研音から給料のような形でもらっていたが、明菜はそれを知らなかった。

「私に隠れてお金をもらって、それなのに死のうとまでした私を罵倒するなんて、私は絶対に親を許さない!」と言って明菜は怒り、家族と絶縁した。

確かに自殺未遂事件の前から明菜は研音に対する不信感を持っていたようだ。そして、それはメリーの思惑とも合致していた。当時、明菜は近藤と結婚したいという希望を持っており、近藤をエサにすることでメリーは明菜をコントロールできる立場にあったのだった。

当時の近藤は翌年にデビュー十周年を控え、大事な時期だった。メリーとしては明菜の自殺未遂事件の原因を研音のせいにして、近藤は無関係ということにしたかったのだ。メリーが「マッチの立場も考えてあげて」と言えば、明菜は何でも言うことを聞いた。

そして、メリーは明菜を研音から独立させ、自分の子飼いの小杉の事務所に所属させようと画策していた。メリーにとっては、明菜が研音に所属しているよりも、自分の周辺にいる方がコントロールしやすく都合がいい。自分とは別に明菜に接触し、独立をそそのかしていた寺林は邪魔な存在だったから、先の五者会談で「自殺の原因」として糾弾し、明菜利権から排除しようとしたのである。

メリーが連れてきた小杉は明菜にとっても、信用の置ける人間だった。小杉はかつてRCAレコードの社員として近藤のプロデュースをしたことがあった。明菜は近藤に熱を上げるあまり、近藤と接点があるというだけで人を信用する傾向があった。

大晦日の記者会見で明菜は「すてきなスタッフが一緒だったら、つらいことも耐えていけると思って頑張ります」と語っていたが、その「すてきなスタッフ」というのは、小杉のことを指している。

◆移籍金で拗れ、人間不信に陥った明菜の孤独

だが、年末の記者会見の段階では確定していた、明菜が研音から独立し、小杉が預かるという路線は暗礁に乗り上げた。まず、移籍金問題が明菜復帰を阻んでいるという報道があった。研音はもう明菜は戻ってこないとあきらめていたが、それでも「金のなる木」には違いない。研音は小杉に「明菜が独立するなら、一〇億円を支払え」と主張したという。一〇億円というとかなりの大金だが、当時の芸能界は金回りが良かった。レコード会社がこれを立て替えるという案も浮上した。

次いで出てきたのが、明菜の身元引受人だった小杉が明菜に手を焼いているという話だった。完全主義者で自己主張の強い明菜には小杉ももてあまし、「自分はもう手を引くから、研音でもう一度、明菜を引き取ってくれ。研音が明菜を引き取らないなら、四億円の移籍料で明菜を独立させたいが、どうだろうか」と打診したという。

こうしたトラブルも解消されたのか、九〇年二月二十三日、明菜のための新事務所である株式会社コレクションが登記された。ワーナー・パイオニアが九割を出資し、代表取締役社長は小杉の片腕とされる中山益孝で、明菜も取締役に名を連ねた。

だが、コレクションと明菜はうまくゆかず、九一年、明菜は新しい事務所、コンティニューに移籍することとなった。当時、明菜と親しかった、フリーの番組ディレクター、木村恵子の暴露本『中森明菜　哀しい性』（講談社）によれば、コンティニューは運営資金を明菜の移籍に際してビクターから支払われた三億五〇〇〇万円に頼っていたが、経営陣は高級外車を何台も購入したり、必要以上に豪華な事務所を借りるなどして短期間のうちにすべて使い果たし、明菜に支払われなければならない一億円のアーティスト料も支払わなかったという。結局、明菜はコンティニューとも喧嘩別れして、九三年からMCAビクターがマネジメントの窓口も担うことになった。その後も明菜はレコード会社と芸能事務所を転々と渡り歩いた。

明菜が歌えば、CDが売れ、コンサートに大勢のファンが集まる。「金のなる木」である明菜には、様々な人間が群がり、たびたび騙した。次第に人間不信に陥った明菜は、人を寄せ付けなくなり、芸能活動も途切れ気味になったのである。

爆笑問題――「たけしを育てた」学会員に騙され独立の紆余曲折

女性タレントの話題が続いたが、ここからは男性タレントと所属事務所の紛争についても触れてみたい。

『週刊アサヒ芸能』（二〇一四年十月三十日号）で「干された芸能人一〇〇大事件」という一〇ページの特集記事が掲載された。週刊誌がこの種のテーマでこれだけのページを割いたケースは過去にないが、内容は、これまでの芸能マスコミの論調を踏襲したものにすぎなかった。つまり、芸能事務所の論理を代弁し、違法で不当な芸能界の構造にまでは踏み込んでいない。

この特集は表紙でも大きく扱われていたが、そこには「干された芸能人」の筆頭として爆笑問題の名が記されていた。

太田光と田中裕二のお笑いコンビ爆笑問題は、日大芸術学部で知り合い、一九八八年に結成された。渡辺正行主催のラ・ママ新人コント大会に出場したところ、太田プロダクションにスカウトされた。

爆笑問題はテレビに出演すると、たちまち視聴者からの人気を集め、若手芸人のホープとなった。そのまま行けば順調に出世していくと目されていた爆笑問題だったが、九〇年に突如、太田プロから独立し、その後、徹底的に干された。爆笑問題は、数年間にわたってテレビに出られなくなり、その間、太田はパチンコ三昧となり、田中はコンビニのアルバイトに精を出した……。

◆「たけしを育てた男」に騙された

この話は、爆笑問題のファンなら誰でも知っているエピソードだと思うが、では、なぜ爆笑問題は太田プロから独立したのだろうか？　一四年十月六日放送の『ビートたけしのTVタックル』（テレビ朝日）で、出演した太田と田中が初めてこれに触れた。

大竹まこと　最初は、事務所を移るどうのこうので、一〇年くらい出れなかったもんな？

田中　三年くらいです。太田プロから。

太田　元々、たけしさんが悪いんですよ、アレは。

大竹　なんで？

太田　俺らをスカウトしたヤツがいて、「俺がたけちゃんを育てた」って言うから、その人に付いて行ったんですよ。そしたら、後でたけしさんに訊いたら、「あんなヤツ、知らねぇよ」って。

阿川佐和子　ああ、サギにあったんだ。

太田　それで、一回、たけしさんに初めて会った時に、たけしさんの担当だったっていうマネージャーが、「たけちゃんに会ったことないだろ?」って。

田中　僕らが新人の頃ですよ。たけしさん、お正月の『ヒットパレード』の時で。

太田　フジテレビの特番で、それこそたけしさんが白塗りして何かやってたんですよ、相変わらず（笑）。

田中　コントみたいなのね。

太田　あの頃から、本当に進歩してないですね（笑）。

たけし　うるせぇよ（笑）。

太田　フジテレビが、まだ河田町の頃ですよ。それで、俺らが緊張してたら、そのマネージャーだったって人が、「大丈夫だよ。俺が育てたようなもんだから」って。

阿川　友達みたいなね。

太田　それで、「今からたけちゃんのところ行くから」って言って、「殿!」って言ったんですから、そいつ（笑）。お前、さっきまでと全然違うじゃねぇかって。「殿、すみませんけど、今、よろしいでしょうか?」って。

たけし　だって、アイツはその後、「たけしと爆笑問題を育てた男」ってなってんだよ。それで、お笑い塾なんてやってて。

阿川　まだご存命なんですか?

太田　ご存命ですよ。

田中　どっかで息づいてます。どこかで。

◆「オレらのギャラの三割は学会の寄付」

この話については、『噂の真相』（一九九五年三月号）に掲載された「吉本興業が独走するお笑い業界の群雄割拠の構図」という匿名鼎談記事でも触れている。記事に以下のような発言があった。

B（芸能記者）　太田プロの敏腕マネージャーだった瀬名に誘われ一緒に独立。瀬名も敏腕というわりには、太田プロを辞める理由が「家業を継ぐため」と、今時、転職するOLでも使わない手口。狭い業界なんだから、太田プロが怒って爆笑問題を二年も干したのも無理ないか。

C（若手芸能タレント）　独立後、ようやくテレ朝の『ガハハキング』で復活したとき、爆笑に話を聞いたら「オレらはだまされたんだ」といっていた。実は、瀬名が太田プロを辞めた理由が、なんと、瀬名が創価学会の会員で、もっと献金を増やすために独立し、その稼ぎ頭として爆笑を引っ張ったというんだから、爆笑の太田光がいっていたけど、「オレらのギャラの三割は学会の寄付」だって。このほうがよっぽど、〝爆笑問題〟だよ（笑）。

太田プロの自称「ビートたけしを育てた敏腕マネージャー」の「瀬名」というのは、瀬名英彦という人物である。同氏のツイッターのプロフィール欄には、「過去にお笑いタレントをスカウトしてました。ツービート、若人あきら（現在の我修院達也）、コロッケ、ダチョウ倶楽部、爆笑問題他多数…　今でも新人のお笑いで売れそう人《（ママ）》を見るのが楽しみです」とある。

◆経営陣の公私混同が酷すぎてタレントが逃げ出す「東の老舗」太田プロ

太田プロは創業一九六三年と歴史があり、老舗の部類に入る。「西の吉本、東の太田プロ」と呼ばれるほど伝統的にお笑いに強い。

だが、芸能事務所の場合、由緒ある大手だからといって、タレントにとって信用できるわけではない。太田プロは、昔からタレントとのトラブルが絶えず、爆笑問題やビートたけしなど独立していったタレントも少なくない。

なぜ、タレントは太田プロから、離れてしまうのだろうか。

『噂の真相』（二〇〇〇年六月号）に掲載された記事「お笑い番組ブームで稼ぎまくる太田プロの搾取と公私混同の裏事情」に太田プロの内幕が詳細にレポートされている。

それによれば、たとえば、一〇〇〇万円のCM契約が取れても、事務所はタレントには五〇〇万円と伝え、差額はまるまる事務所の収入となる。タレントに契約書を見せる必要はないから、バレることもないという。

では、ピンハネされた金はどうなるのか。記事によれば、「驚いたことに、太田プロ社内では、幹部クラスですら、はっきりとした金の流れを把握できない」という。

特にひどいのが社長の磯野勉と副社長の泰子の公私混

同ぶりだ。磯野は二〇〇〇万円もする碁盤を衝動買いして会社の経費で落とし、泰子は洋服や宝石など月に三〇〇万円以上も衣装代に費やし、事務所に請求していたという。また、太田プロには、草津温泉や北海道、アメリカなど各地に社員寮を持っているが、実質的には社長夫妻が個人的に使っている別荘であり、社員は利用できなかったという。

経営トップにならって、幹部社員も横領に余念がなかった。「猿岩石の全盛期のマネージャーは都内に一軒家をキャッシュで建てた」という噂が流れたほど、太田プロの経営はどんぶり勘定だったという。

当然、そうした資金の出所は、タレントからの搾取だ。「バカらしい」と思って逃げ出すタレントも後を絶たない。ビートたけしや爆笑問題、伊東四朗、大川豊総裁率いる大川興業、電撃ネットワークの南部虎弾、春一番など、これまで多くの芸人が太田プロから離れていった。

ただし、太田プロは事務所の規模と比べ、業界での政治力は強くない。デビュー直後の爆笑問題程度であれば、独立後、何年も干すことができたが、大物タレントだったビートたけしの独立は防げなかったのである。

加勢大周（一）――独立で勃発した竹内社長との「骨肉の紛争」

一九八八年七月、芸能事務所インターフェイスプロジェクトの社長、竹内健晋は世田谷区駒沢にある喜多呂という焼き鳥屋に入った。すると、アルバイトをしていた抜群にハンサムな少年に目が留まった。

竹内はその少年と目が合うなり、上半身がガタガタと震えだした。芸能界生活二十五年の間に七十人ものタレントを育てた経験から竹内に、「これはモノになる」という直感が降りてきたのだった。

少年は都立多摩川高校の三年生で、教材会社に就職が決まっていたが、翌月から竹内の事務所に所属し、芸能界を目指すことになった。コンタクトレンズ会社の営業部長をしているという父親は「仕事がら新製品を売り出すことのむずかしさはわかっています。社長さんのご恩は一生忘れません」と言った。

少年は名前を川本伸博といったが、竹内は芸名として「加勢大周」と名付けた。

◆デビュー当初の月給は九万円——工事現場で働き、身体を鍛える

最初の一年間に入ってきた仕事はＣＭモデルの仕事がたったの二件しかなく、加勢の稼ぎはたったの六万円だった。身体を鍛えることも兼ねて夜の工事現場でアルバイトをした。その間、竹内は毎月九万円の給料を払ったが、事務所の経営は苦しく、加勢が「給料のうちから五万円を使ってください」と申し出たこともあった。

ところが、九〇年に入ると、桑田佳祐監督の映画『稲村ジェーン』で主役として抜擢され、コカコーラのＣＭが決まり、次々とドラマの出演オファーが舞い込んできた。たちまち人気に火が点いた加勢は、吉田栄作、織田裕二とともに「トレンディ御三家」と呼ばれ、売れっ子俳優になった。

◆母親が立ち上げた事務所に移籍したとたん始まった竹内社長との法廷闘争

だが、ほどなくして、加勢は事務所から独立し、竹内と対立した。

まず、加勢は四月四日付でインターフェイスに対し、契約解除の通告書を送付した。そして、六月一日、母親を社長とする新事務所、フラッププロモーションを設立し、数人のスタッフとともに移籍した。

これに対し、インターフェイス側は、「契約上、契約解除の意思表示は契約が満了する五月末の三カ月前までにしなければならないのに、加勢はそれを怠った。従って契約は自動延長されるので、契約解除は無効」と反発し、九一年八月一日、加勢と新事務所との契約は無効だとして、加勢にテレビなどへの出演禁止、芸名の使用禁止、五億円の損害賠償などを求める訴訟を東京地裁に提起した。

竹内は、提訴した翌日、記者会見を開いた。記者からギャラについての質問が出ると、竹内は加勢への支払明細書を見せた。それによれば、九〇年六～十二月の給与は税込で一七万五〇〇〇円、九一年一～六月は二五万円で、一年間の合計は二四七万五〇〇〇円。ただし、歩合給与として、年間二一〇七万六五七六円を支払っており、トータルでは二三五五万一五七六円だった。そして、次のように言った。

「(給料は)新人時代の小泉今日子、工藤静香は、三年間は一一万円以下ですよ。まわりの業界人からは、そんなに払うとナメられるからといわれたぐらいです。加勢本人は、仕事や金のことをとやかくいわない好青年でしたよ」

「(芸名は)姓名判断、血液型、人相から調べて、勝海舟が好きだった私が、力、勇気、アイディアをもってもらいたくてつけた名前です。当初、本人は外国人みたいな名前でイヤだといってましたが……。もし、話し合いがつかない場合、彼には使わせたくない。第二の加勢大周を探したい。彼には、本名でステップしてくれといいたい」

「(五億円の損害賠償については)取ろうとは思いませんが、もしほかでやっていくというなら、それ以上も……」

「おまえも早く……男らしく、一発ひっぱたかれてもという気持ちをもって会いにきてほしい……。裸になってサウナで語りあいたいですね」

一方、加勢サイドは、訴訟代理人を務める弘中惇一郎弁護士が記者会見を開き、「相手の主張は八〇％がウソです。いい加減で、違法性の高い契約書を根拠に、加勢クンを拘束しようとしているだけ。こちらが提出した異議文書も無視されています。それに加えて、加勢クンの妹役募集と称して応募者四〇〇〇人から総額二四〇万円を集めたり、二十一歳の女性をムリヤリにアダルト・ビデオに出演させたり……」などと反論した。

加勢側の主張によれば、二〇〇〇万円とされた歩合給にしても、加勢の取り分は売上の一〇％にすぎず、また、実際に支払われたのは、竹内が公表した金額より一〇〇〇万円低い、という。

加勢の独立は、まさに骨肉の紛争へと発展していった。

加勢大周（二）──
裁判で事務所社長に芸名を奪われる

所属事務所のインターフェイスプロジェクトから独立した加勢大周だったが、これまで紹介してきた他のタレントのように業界からの圧力で干されることはなかった。加勢の仕事場にインターフェイス側と加瀬側のマネージャーが何人も現れて混乱するということはあったものの、加勢への仕事の依頼は止まらず、ドラマやＣＭに出演していた。

その理由の一つには、インターフェイスが小さな芸能事務所だったことが挙げられる。インターフェイスは、加勢との契約で音事協の統一契約書の体裁を採っていたが、音事協には加盟していない。契約書では「社団法人音楽事業者協会」とあったが、「社団法人日本音楽事業者協会」が正しい。音事協の名前を出して、加勢を威圧することが目的だったのかもしれないが、こけおどしにすぎなかった。

◆「自業自得」とも囁かれた竹内健晋社長の悪評

また、業界では、インターフェイスの社長、竹内健晋の評判も良くなかった。竹内はモデル事務所上がりで、芸能界でのタレントの売り出しノウハウがなかった。そこで、加勢のプロモーションについて大手芸能事務所に協力を要請したが、加勢の人気が高まってくると、利益を独り占めしようと謀り、大手芸能事務所を激怒させていた。加勢が竹内から逃げ出しても、業界では「自業自得」という非難の声が上がり、竹内を応援しようという者は現れなかったのである。一部報道では、竹内が右翼を頼ろうとしたという話もあったが、相手にされなかったという。業界を味方にできなかった竹内は、加勢を潰すためにひたすら司法に訴えたのである。

業界の実力者の力を借りようとしたのは、逆に加勢の方だった。独立した加勢についたインターフェイスの元社員が、業界の大物として知られる廣済堂プロダクションの長良じゅんに調停を依頼し、加勢が竹内に二億円を払って和解するという調停案が示され、解決しかかった。だが、加勢側は別にスポンサーを探して、独立の道を突き進んだ。

長年、芸能事務所を経営してきた長良としても、全面的に加勢を支援するわけにもいかなかったのだろう。『FOCUS』（一九九一年五月十七日号）で、長良が次のようなコメントを出していた。

「たかだかデビュー八カ月目くらいで人気が出たから独立なんて、芸能界はそんな甘いモノではない。そういう行儀の悪いことをするんなら彼も終わりだ」

◆「商標登録された芸名は事務所の所有物」と認めた九二年判決の衝撃

一方、インターフェイスが訴えた裁判は、九二年三月二十日に判決が言い渡された。その要旨は、被告、川本伸博は加勢大周なる芸名を使用して、第三者に対し、音楽演奏会・映画・ラジオ・テレビ・テレビコマーシャル・レコードなどの芸能に関するすべての役務の提供をしてはならない、というものだった（新事務所との専属契約の禁止、五億円の損害賠償請求は棄却された）。

この判決は、業界全体に大きな衝撃を与えた。竹内が加勢大周の名を商標登録していたことが判決に影響したが、加勢の裁判が判例として定着すると、事務所が所属タレントの芸名を商標登録した場合、タレントは独立や移籍の際、芸名を返上し、新しい名前で芸能活動をしなければならなくなってしまう。明らかに芸能事務所側に有利な判断がなされたが、これはタレントにとっては死活問題である。

ただちに加勢は控訴した。高裁での判決は九三年六月に言い渡され、今度は加勢に芸名使用の許可が出た。だが、これで一件落着とはならず、九四年になってから、インターフェイス側はまた訴訟を起こし、独立してから一年間の損害があったとして、三億七〇〇〇万円を請求した。

さらにトラブルは続いた。加勢が独立した際、協力した顧問、安西一人《かずと》が新事務所、フラッププロモーションの社長を務める加勢の母親とマネジメントをめぐって対立し、事務所を辞任すると、安西は週刊誌に「加勢はマザコン、無気力、女にうつつを抜かしている」と暴露した。

こうしたトラブルが何年にもわたって続いた結果、加勢のイメージは極端に悪化し、ピーク時には十一本あったCM契約も、すべてなくなってしまった。

加勢の独立スキャンダルの極めつけは、芸名の所有権を主張する竹内が嫌がらせとしてぶつけてきた「新加勢大周」の登場だった。

加勢大周（三）――悪名に翻弄され続けた二人の「加勢大周」

一九九三年六月三十日、加勢大周の独立に絡んで提起されていた訴訟の控訴審判決が言い渡された。控訴審判決は、一審では認められた「加勢大周」の芸名使用禁止が覆り、加勢側が逆転勝訴した。

加勢を訴えた元所属事務所、インターフェイスプロジェクトの社長、竹内健晋は、雑誌のインタビューで「そのときほど、人を殺したいと思ったことはなかった」と明かしている。判決に反発した竹内は、新たな対抗策をぶち上げた。

「加勢大周という芸名はわたしが付けたもの。ウチに所属するタレントを〝加勢大周〟の芸名で近々デビューさせる！」

七月七日、竹内は港区白金台の結婚式場、八芳園にNHKを含めた八十人の報道関係者を集め、元祖加勢大周と同姓同名の「新加勢大周」をお披露目した。

◆デビュー会見二十日後に「新加勢」は「坂本一生」に芸名を変更

新加勢大周は、元祖加勢大周に勝るとも劣らない二枚目で身長一八〇センチ、体重七二キロの二十歳だった。高校時代には水泳でインターハイにも出場したスポーツマンで、竹内はたまたま東京近郊にあるスポーツジムにいた彼を発見して、スカウトしたという。

「歌もうたえるし、英語にも堪能。スポーツで発散するタイプですから、川本くん（加勢の本名）のように〝女性に走る〟ということはない」

と、竹内は自信満々に豪語し、黒いタンクトップを着た青年を紹介した。

元祖加勢大周は、この報道にうろたえ、「第二の加勢クンがボクより売れたらまずいよなァ。名前の一字を変えてほしい。裁判を何回もやったんだから……」と困惑気味にコメントした。

元祖加勢側は、新加勢の動きを封じようと手を打った。「加勢大周」「元祖加勢大周」「東京加勢大周」の名前を商標登録し、新加勢の出鼻をくじいたのだった。

七月二十七日、竹内は再び記者会見を開き、「川本伸博クンに『加勢大周』の名前をプレゼントする！」と宣言した。新加勢は登場してから二十日後に「坂本一生」に芸名を変更し、芸名戦争は一応の決着を見たが、加勢と竹内の確執は続いた。

◆「新加勢」坂本一生も竹内との金銭トラブルで移籍

だが、新加勢大周こと坂本一生も、九五年四月、竹内のもとを去り、他の事務所に移籍してしまった。原因は金銭トラブルだった。坂本はこう語っている。

「ただ働きでした。はっきりいって、（竹内社長のもとにいるときは）ただ働きだったんです。もちろん、通常のタレントの方と同じで、給料はギャラの何パーセントといった形式で、契約を交わしていました。でも、一度もギャラとしておカネをもらったことはなかった。おカネがないので、仕事のないときは部屋にひとりでこもりっきりで、宅配ピザやカップラーメンをすすってました。ホント、毎日が不安で、みじめで……」（『アサヒ芸能』一九九五年六月八日号）

坂本は、二年間、肉体派タレントとしてテレビのバラエティ番組で活躍してきたが、給料が支払われないどころか、六〇〇万円もの持ち出しを余儀なくされたという。竹内にギャラについて尋ねても、「次の仕事をとるために金が必要なんだ」と言うばかりで埒があかなかった。

もっともショックだったのは、坂本が番組のゲームで優勝し、一〇〇万円の賞金を獲得した時のことだった。坂本は他のチームのキャプテンと相談し、賞金を山分けすることにしていた。番組が終わって楽屋で他の出演者とともに和気あいあいと待っていたが、とうとう賞金は届かなかった。

竹内は、給料を払わないだけでなく、坂本に女性との交際を禁じた。それが高じて、坂本の同性愛疑惑まで報じられる事態となった。心底うんざりした坂本は、事務所を飛び出す決意をした。

◆「いわく付きの名は更正の原動力になった」――服役を終えた元祖加勢の告白

一方、加勢の方も竹内との抗争で疲弊し、芸能活動は長期間低迷した。挙げ句の果て、二〇〇八年十月五日、覚せい剤取締法違反（所持）と大麻取締法違反（所持）の現行犯で逮捕され、芸能界を引退した。

服役を終えた加勢は、都内でバーテンとして働いた。『週刊新潮』（二〇一一年十二月二十九日号）に新加勢大周騒動を振り返り、こう語っている。

「こんなエピソードをほかに誰も持っていないでしょうから、ボクが死ぬとき、生きていておもしろかったことのひとつに挙げられると思います。『加勢大周』はいわく付きの名前になってしまいました。それを使ってまた仕事を始めることは、今は考えられません。ただ、この名前は自分のモノだという思いはあります。こんなボクでも、街で『加勢大周さんですよね。一緒に写真撮ってください』と話しかけられることがあります。こうして覚えていてくれる人がいることが、いい意味で足かせになり、更正の原動力になる」

浅香唯――事務所と和解なしに復帰できない芸能界の掟

加勢大周の独立事件で司法は、タレントに芸名の使用を認める判断を下した。だが、その後も芸名使用問題はくすぶり続け、一九九四年、浅香唯の芸能界復帰で、再び注目を集めることとなった。

もともと芸能界に関心がなかった浅香唯だが、八四年に、優勝者に贈られる「赤いステレオが欲しい」という理由から『少女コミック』(小学館)主催のオーディションに応募したところ、グランプリを獲得し、その後、多くの芸能事務所からスカウトの電話があり、芸能界入りを決めた。六本木オフィスに所属し、翌年、中学校を卒業し『夏少女』で歌手デビューした。

◆ファンクラブ会員数が山口百恵に迫る勢いだった八八年の全盛期

八六年、テレビドラマ『スケバン刑事Ⅲ　少女忍法帖伝奇』(フジテレビ系)で主役を務めると、たちまちトップアイドルの座を獲得した。ピーク時の八八年にはファンクラブの会員が二万八〇〇〇人を超え、全盛期の山口百恵の二万九〇〇〇人に迫る勢いだった。だが、次第に六本木オフィスとの関係が悪化していった。

六本木オフィスとの関係がこじれるきっかけとなったのが、八九年九月に発覚したバックバンドのドラマーで七歳年上の西川貴博との交際だった。二人の関係を知った六本木オフィス側は、西川に音楽活動を支援するという名目でお金を支払った。これを知った浅香は、マネージャーにお金を返したが、結局、そのお金は社長から浅香のところに戻ってきてしまった。

この頃を境に浅香と六本木オフィスとの関係がギクシャクするようになってしまった。六本木オフィスは「そろそろ年齢相応にセクシーな面を打ち出すべきだ」と言って仕事を持ってきたが、浅香はすべて断った。

そして、九三年二月末に六本木オフィスとの契約が解消となり、浅香は活動休止を宣言した。引退説も流れたが、九四年一月、アラーキーこと写真家の荒木経惟《のぶよし》が撮影した浅香の写真集『FAKE　LOVE』(ベストセラーズ)が出版された。

六本木オフィスは、この写真集を問題視した。浅香は独立にあたって六本木オフィス側と「一年間は芸能活動をしない」「芸名の浅香唯を使用しない」という約束を交わしていたが、写真集の発売は契約切れから一年未満だったし、写真集の名義は本名の「川崎亜紀」だったが、帯には「浅香唯」の名があった。

◆「事務所と和解なくして復帰なし」が音事協の本音

六本木オフィス側が問題とした「芸名の使用禁止」については、加勢大周に対して元所属事務所が起こした裁判で争点となり、九三年六月に言い渡された高裁判決で加勢に芸名の使用を認められていた。また、そもそも、「浅香唯」の名前は、『少女コミック』に連載されていた『シューティングスター』の主人公の名前であり、六本木オフィスの所有物ではない。

だが、六本木オフィスは、これが「道義的に問題だ」として、音事協に提訴した。これを受けて、音事協は「この問題は双方でよく話し合い、発展的に事を進めてほしい」と提案した。これに基づいて、六本木オフィスは、復帰のための条件を出したが、浅香はこれを拒絶した。

一見すると、音事協の裁定は和解を提案しただけにすぎないようにも見えるが、実際のところは「六本木オフィスと和解しなければ復帰は認めない」ということに等しい。もちろん、法的な拘束力があるわけではないが、業界は音事協を中心に強いつながりがあり、その裁定には絶対的な力がある。芸能界で孤立した浅香は、何年も自宅にこもってパソコンをいじって暮らした。

当時の浅香は雑誌のインタビューで、こう語っている。

「自分を哀れだと思ったら何もできない。自分を哀れむこと、哀れまれることだけはしたくないと思って……」「結局、私が芸能界の仕組みやオキテそのものをわかっていなかったってことですね。本当、芸名のことにしても、後になって人づてにこういうことだと教えてもらいましたし、いろんな事務所がわかるにつけて、前の事務所には迷惑をかけたんだ、申し訳なかったと……」(『微笑』一九九五年十二月十六日号)

浅香が芸能界に復帰したのは、六本木オフィスとの和解を経て、休業宣言から四年が過ぎた九七年のことだった。

石川さゆり――ホリプロ独立後の孤立無援を救った演歌の力

長年、所属していたホリプロから独立した石川さゆりも、干されたタレントのひとりである。

石川さゆりは、小学生の時に観た島倉千代子の歌謡ショーに感動し、歌手を志した。中学生になると、牛乳配達のアルバイトをしてお金を貯め、歌謡教室に通った。十四歳の時にフジテレビの『ちびっこ歌謡大会』で優勝し、それがきっかけとなって、一九七三年、『かくれんぼ』でアイドル歌手としてデビューを果たした。所属事務所は、ホリプロだった。

七七年に『津軽海峡・冬景色』が大ヒットし、レコード大賞歌唱賞をはじめ、歌謡賞を総ナメにした。演歌歌手として一気にスターとなった石川は、その後も『波止場しぐれ』『天城越え』など、ヒット曲をコンスタントに出し、『紅白歌合戦』でもトリを務めるほどの実力派に成長した。

◆九六年独立後の試練――民放各社が「さゆりはずし」の包囲網

石川は九六年いっぱいで、二十四年所属していたホリプロから退社し、個人事務所、ビッグワンコーポレーションを設立した。独立の構想は長年温めていたもので、満を持しての再出発となるはずだった。だが、大手事務所から独立した他のタレントと同様、石川にも大きな試練が待ち受けていた。

九七年一月二十三日、石川は事務所開きのささやかなパーティーを開いたが、案内状に名前があった統括プロデューサーが欠席した。そのプロデューサーは、前日に「一緒にはやっていけない」と、突然、通告してきたという。数日前まで新しい仕事の打ち合わせで燃えていたプロデューサーの脱落により、パーティーはまるでお通夜のように静まりかえってしまった。

さらには、決まっていたテレビの仕事も相次いでキャンセルとなった。「構成上の理由」とのことだったが、何者かが糸を引いているのは明白だった。

『女性セブン』（一九九七年四月十七日号）に「あるテレ

ビプロデューサー」の談話として次のようなコメントが紹介されている。

「十日ほど前のことなんですが、社の上層部の方から、〝石川さゆりを使わないように〟という話が降りてきたんです。それも歌番組だけじゃなく、バラエティーやワイドショーに至るまで同じことが伝えられたんです。驚きましたね、あまりの徹底ぶりに。

知り合いの他局のプロデューサーなんかも同じことをいわれたみたいで、どうもNHKを除く全民放で、〝さゆりはずし〟が進行しているんですよ」

それと同時に「石川は自己主張が激しく、スタッフ泣かせで有名だった」という報道が増えていった。ホリプロと石川の確執の発端は、八一年に石川がホリプロの社員と結婚したことにあるという。芸能界には「社員は〝商品〟に手を出してはいけない」という掟がある。ホリプロは石川に思いとどまるよう説得したが、石川は「結婚させせないなら事務所を辞める」と主張し、結婚を強行した。

石川にとって苦しい芸能活動が続いた。テレビに出られなくなったため、「演歌の女王」としてのプライドを捨て、ミニコミ誌の表紙モデルや地方でのサイン会など、どんな小さな仕事でもやった。

九七年の秋には、石川の窮状を見かねた民放キー局のプロデューサーが芸能界との手打ちの席を設けようとしたが、石川は「こちらは円満退社しているのに、どうして頭を下げなくてはいけないの？」と言って拒んだ。

◆九九年の紅白出場危機――国民銀行のカミパレス不正融資事件への関与で揺れる

芸能界では孤立無援の状態が続いたが、カラオケでは石川の人気は根強く、九七年末には『紅白』に二十回目の出場を果たした。これに芸能界は、いらだちを強めていった。

九九年には、その『紅白』への出場に黄色信号が点った。その年の『紅白』は五十回目という記念すべきものであり、NHKとしても人気のある石川を出したいと考えていたが、土壇場で方針が揺らいだ。

というのも、その年の四月に経営破綻した国民銀行のカラオケ会社への乱脈融資疑惑に石川の名が出ていたからだった。

国民銀行は、経営難に陥っていたカミパレスというカラオケボックスチェーンの倒産を回避するため、迂回融資や飛ばしなどの手段を使い、二七〇億円もの不正融資を行っていたが、このうち一二〇億円が焦げ付いていた。カミパレスは、八〇年代に石川の個人事務所が立ち上げた事業で、石川のスポンサーだと言われていた、実業家の種子田益夫が関与していた。また、迂回融資に使われた七社の中に石川が社長を務める個人事務所の名前が出ていた。カミパレスは九九年十月二十日に破産宣告を受けたが、迂回融資に協力していたと目されていた石川も警察から事情聴取を受ける可能性があった。

石川を起用して後で問題が発覚すれば、『紅白』の権威に傷が付くことになる。ＮＨＫは社会部を動員して、石川が事件に関与しているかどうか取材したという。『紅白』の出場歌手発表は、当初、十一月十一日に発表される予定だったが、三週間も遅れた。

ワイドショーも週刊誌もこぞってこの問題を報じたが、芸能界では「事務所を独立した石川を快く思っていない勢力が情報をリークしたのではないか」という説も流れた。

結局、石川は出場を決めたが、スキャンダルの影響もあり、当初は大トリの有力候補だったが、最後から三番手となった。大トリに起用されたのは、ホリプロ所属の和田アキ子だった。

九九年は、石川にとって受難の年で、『紅白』出場だけでなく、レコード会社移籍問題でも騒がれた。石川が所属していたポニーキャニオンが売上の低迷する演歌部門からの撤退を表明し、石川もリストラされることになったのだ。本来ならば、石川ほどの実力があれば、どこでも引く手あまたのはずだが、独立問題はまだくすぶっていた。各レコード会社は、ホリプロの機嫌を損ねることを恐れ、石川獲得になかなか名乗りを上げられなかったという。

多数のヒット曲を持ち、長年、『紅白』に出場する実力派の石川ですら、所属事務所から独立した途端に、このような辛酸をなめるのである。

アイドルの独立問題に関する報道で必ずといっていいほど「芸能事務所はタレントに投資をしていて、それを回収しなければならないのだから、勝手な独立や移籍は許されない」という芸能評論家のコメントが出てくる。

だが、そもそも「投資」というものが何なのかが不明だし、アイドルだけでなく、投資の回収が終わったはずのベテランでも、大手事務所を敵に回して独立すれば一律に干されるのだ。

森進一――「音事協の天敵」と呼ばれた男

芸能界史上最大のタレント独立事件と言えば、森進一の渡辺プロダクションからの独立劇だろう。当時の渡辺プロダクションは芸能界最大勢力であり、森も演歌界を代表する歌手だったから、マスコミはこぞって、この「戦争」を採り上げた。

森は一九七二年以降、契約更新の時期になると毎年のように渡辺プロに内容証明を送付し、待遇改善を迫った。それによって、給料は上がったが、森は渡辺プロのお仕着せの曲がヒットしないことに不満を募らせ、次第に自分の歌は自分で選びたいと考え、七九年、十三年所属した渡辺プロから独立を果たした。

当時の渡辺プロの実力は全盛期に比べると衰えていたが、音事協を中心とする芸能事務所の結束は強く、森はテレビから締め出された。

◆「つくづく変わった男だった」

音事協が特に神経をとがらせたのは、独立を果たした森が他のタレントに「独立するとオイシイよ。十年選手だったらやったらどう?」などとそそのかしたことだった。これが音事協で問題となり、共演拒否の動きが広がった。森は「音事協の天敵」と呼ばれ、芸能界で孤立した。

元渡辺プロ取締役、松下治夫の著書『芸能王国渡辺プロの真実。―渡辺晋との軌跡―』(青志社)でも、森は批判的に書かれている。

森はラテン・ビッグバンドの東京パンチョスのリーダーだったチャーリー石黒がその素質を見込んで渡辺プロに連れてきたという。同書で松下は森の独特のハスキーボイスはチャーリーが開発したものだったとする。

当時の渡辺プロは、演歌歌手は森だけで、ポップス歌手が本流だったから、誰も森に期待はしなかったが、あれよあれよという間にスターになってしまった。

松下は「森進一はつくづく変わった男だった」と述懐している。

森は渡辺プロからもらった給料を明細ごと封も切らな

いで、押入れに入れていたという。それが貯まって億というお金となり、さすがに心配した松下が社長の晋に相談したほどだった。そのうち森は「お金を増やす方法はないか?」とマネージャーに相談し、不動産に投資することとなり、自宅と事務所ビルを建てた。

さらに森はデビューして一年後の六七年末、待遇の不満から木倉事務所という芸能事務所に移籍しようとしたことがあった。この時は、音事協会長の政治家、中曽根康弘までが調停に乗り出す事態となり、結局、移籍の話はなくなった。

◆「極貧」からの脱出

なぜ、森はお金に執着したのか。

デビュー当時の森について回ったのが「極貧」という言葉だった。

森は本名を森内一寛と言い、四七年、山梨県甲府市に生まれた。父親は古着の行商をしていたが、それが行き詰まり、静岡県に流れ着いた。そして、小学校五年生のころ、父親と母親が別れてしまった。父親が間借りしていた家主の奥さんと不倫関係になったのを母親が苦にしたためだった。

母親は森と乳飲み子の弟、四歳の妹を連れ、親戚を頼り、下関に移ったが、やがてバセドー氏病にかかり、働けなくなってしまった。森の一家は、森が中学三年生の時に母親のいとこを頼って鹿児島に移った。

貧しい森一家は、生活保護を受けなければならなかった。おかずはなかったから、ご飯に醤油をかけて食べた。森は朝四時に起きて、牛乳配達をし、それから朝刊を配り、学校へ行き、帰ると魚屋の手伝いをし、夕刊を配って働いた。中学三年の時の成績は音楽を含めてすべて「三」。備考には「気が弱い。特記事項なし」とあった。

高校進学をあきらめた森は中学校を卒業して、集団就職で大阪に行き、十三《じゅうそう》駅前通りの寿司屋「一花」で働いた。住み込みで給料は一万二〇〇〇円。だが、四カ月もすると、「ぼく、この仕事に向かんと思います」と言って、辞めてしまった。それ以降、一〇円でも給料の高いところを目指し、職を転々とした。十五歳から十七歳まで二十一回も転職したという。

森は十七歳の時、フジテレビののど自慢番組『リズム歌合戦』に出場し、優勝した。番組のバックバンドをしていたチャーリー石黒に拾われ、レッスンに励み、六六年、十八歳の時、『女のためいき』でデビューした。

森はたちまちスターとなり、年間四億円の稼ぎがあると言われながら渡辺プロが払った月給は、六八年一月まで八万円にすぎなかった。森はそのうちから三万円を母親に仕送りし、早く家を買いたいという希望から給料の半分は貯金に回した。

木倉事務所から一〇〇〇万円の契約金で移籍のオファーが舞い込んできたのは、そんな時だった。結局、移籍の話は潰れたが、森の月給は五〇万円となり、仕送りの額も一〇万円になった。

◆母の訃報が届いたその日、長崎で熱唱した『おふくろさん』

遊ぶ暇などなかった貧しい少年時代の反動なのか、スターとなった森は女性スキャンダルが相次いだ。七三年二月二十四日未明、森の母親がガス中毒で自殺するという事件が起きたが、その理由にはバセドー氏病の病苦の他に、息子のスキャンダルによる心労があったとも伝えられている。

母親が死んだ日、森は長崎県諫早市の体育館でステージに立っていた。

ステージで司会者がこう言った。

「森さんのおかあさんがけさ亡くなりました。家には妹さんと弟さんしかおらず、すぐにも東京に帰りたいが、みなさんのためにうたってくれます」

森は涙を流しながら『おふくろさん』を熱唱し、会場を嗚咽の声でいっぱいにした。実際、森は一刻も早く母親のもとに向かいたかっただろうが、これが「ナベプロ商法」だった。

ショーを終えた森は空港に向かい、全日空機に飛び乗ったが、自宅に到着したのは、母親の自殺が確認されてから十七時間以上経過した午後十時過ぎのことだった。

宮根誠司――バーニングはなぜミヤネ独立を支援したのか？

これまで紹介してきたのは、主に独立で業界から干されたタレントだが、中には独立しても干されないどころか、ますます芸能活動が活発になるタレントもいる。たとえば、バーニングプロダクションという有力な後ろ盾を持った、フリーアナウンサーの宮根誠司のケースだ。

◆やしきたかじんの後押しでフリーとなり、『ミヤネ屋』でブレーク

宮根は一九八七年に関西大学を卒業し、朝日放送に入社した。二〇〇四年三月末には朝日放送を退社し、四月から大手芸能事務所のフロム・ファーストプロダクション大阪支社に所属し、フリーに転身した。フロム・ファーストといえば、バーニングプロダクションで郷ひろみのマネージャーを務めた小口健二がバーニングからのれん分けのような形で設立した大手芸能事務所だ。

この時は、番組で共演していた、やしきたかじんが朝日放送の社長らに「フリーになりたいそうやから、何とか、ならしたってほしい」と直談判してくれたという。その後、司会を務める読売テレビ制作の『情報ライブミヤネ屋』が全国放送となり、宮根は日本中に顔が知れ渡る売れっ子となった。

そして、一〇年三月末には、フロム・ファーストと契約解除し、四月から新事務所、テイクオフに移籍した。テイクオフは、元フロム・ファースト大阪支社長で宮根のマネージャーを務めた横山武が代表取締役に就任し、東京に設立された芸能事務所だ。宮根はテイクオフの所属タレント第一号で、宮根自身も出資しているから、実質的な独立ということになる。

◆「芸能界のドン」の後ろ盾で東京キー局へ進出

芸能界では、タレントが独立する際、強烈なハレーションが起きるものだが、宮根の場合は違った。独立直後の四月からフジテレビ系列の新情報番組『Mr.サンデー』でメインキャスターを務めることが決まり、東京進出に道筋を付けることができた。

実は『Mr.サンデー』の初回放送日には、バーニングプロダクション社長で「芸能界のドン」と言われる周防郁雄がわざわざフジテレビのスタジオに現れた。異例のことに、フジテレビでは驚きの声が上がったという。周防が宮根の後ろ盾になっているという話は業界では有名な話だった。実力者がバックについた宮根の独立をとがめる者など業界にはいない。

フロム・ファーストから独立までの経緯については、『週刊新潮』(二〇一〇年四月二十二日号)が報じている。それによれば、宮根の独立のきっかけとなったのは、〇七年十一月にフロム・ファースト社長、小口が死去したことだったという。

小口が死去して一年あまり経った〇九年初頭、宮根のマネージャーだった横山が「宮根と一緒に独立したい」と言い出した。この時は、フロム・ファースト側が慰留し、どうにか思いとどまらせることができたというが、これで話は終わらなかった。

〇九年十一月、小口の三回忌にバーニングの周防が現れ、霊前に手を合わせた。その一カ月後に宮根が独立を宣言した。芸能記者によれば、「周防さんは、小口さんの霊前に『宮根の独立を認めてやってくれ』と〝仁義〟を切りにいったと見られています」という。芸能界でいうところの「恩」や「義理」は、実力者の前では簡単に破られるのである。

宮根にとっては、独立によって自分の手取りが増え、ウン千万の収入アップが見込める。また、小口よりも大物の周防が後ろ盾になったことで、マスコミ対策も強化される。

一二年一月、宮根に隠し子スキャンダルが持ち上がったことがあったが、これをスクープした『女性セブン』の記事では、なぜか美談仕立てだった。本来なら報道番組の司会者に隠し子騒動は番組降板になってもおかしくない事態だが、宮根の場合は不問に付された。

◆TVキャスター囲い込みでバーニングが画策するのはメディア・コントロール?

では、宮根の後ろ盾になるバーニング、周防には、どんなメリットがあるのか。まず、宮根から直接、上納金が入ってくるはずだ。私が関係者から聞いた話では、宮根の事務所、テイクオフにはバーニングやバーニングと関係が深いとされる大手出版社の幻冬舎も出資しているという。

バーニングにとっての宮根の存在価値はそれだけでなく、メディアをコントロールするうえでも重要な鍵となる。

宮根が独立して初の仕事となった『Mr.サンデー』の二回目の放送日である一〇年四月二十五日に女優の沢尻エリカとハイパーメディアクリエイターの高城剛の離婚スクープが大々的に報じられたことがあった。翌日のスポーツ紙は各紙とも一面で「離婚へ」と書き立て、その後、大騒動に発展していった。

沢尻はもともとスターダストプロモーションに所属していたが、〇九年九月三十日、契約解除となっていた。後の報道でその理由が薬物問題にあったことが明らかとなっている。

その後、沢尻は夫の高城とともにスペインで個人事務所を設立したが、芸能界への復帰は進まなかった。その理由は、復帰のためには夫の高城と離婚しなければならないという条件を芸能界から突きつけられていたためだった。

なぜ、沢尻は離婚しなければならなかったのか? 沢尻がスターダストから契約を解除された直後の『週刊ポスト』(二〇〇九年十月三十日号)の記事「『それが女優復帰の条件』で始まる沢尻エリカの〝離婚カウントダウン〟」に、「芸能プロダクション幹部」のコメントとして「今回の騒動で、夫(高城)の存在がいかにやっかいかわかってしまった」とある。さらに「芸能ジャーナリスト」のコメントでは、「女性タレントや女優に、仕事に口を出すようなオトコがつくと面倒が起きるというのは定説」と解説されている。

芸能界が求める沢尻と高城の離婚を演出するために『Mr.サンデー』は使われたと見た方がいいだろう。

◆事務所の意向で干されるテレビ文化人たち

宮根の事務所、テイクオフには、一一年から日本テレビ出身の人気アナウンサー、羽鳥慎一が、一四年にはTBS出身のアナウンサー、田中みな実が所属するなど、陣容を拡大している。また、アナウンサーだけでなく、一一年には元カリスマキャバ嬢の立花胡桃がテイクオフに入ったが、立花はその前年にバーニングと関係の深い大手芸能事務所、ケイダッシュの取締役で周防のブレーンと言われる谷口元一と結婚していた。

アナウンサーは情報番組などで司会を務めることが多く、その発言は大きな社会的影響力がある。宮根と所属事務所テイクオフは、周防の声の拡声器のようなものになっているのだ。現実に先に紹介した沢尻の離婚報道に見られるように、周防は宮根を使って世論操作を仕掛けてきた。芸能分野だから、あまり目立たないかもしれないが、政治や経済に結びついてくると重大な問題になってくるだろう。

作家の林真理子が『週刊文春』（二〇一一年九月八日号）の連載コラム「夜ふけのなわとび」で次のように述べている。

「聞いた話によると、最近コメンテーターという人たちは、たいていの場合、その番組の司会者のプロダクションに所属しているという。

私と仲のいい学者さんは、朝のワイドショーのレギュラーコメンテーターを続けるなら、

『〇〇さん（司会者）のプロダクションに入ってください』

と言われて断ったところ、その後、ホサれたそうである」

芸能人だけでなく、文化人も事務所の論理によって干されるのだ。そして、情報番組やニュースが芸能界方式で操作されているとしたら……と考えると、何とも恐ろしくなってくる。

『あまちゃん』能年玲奈さえ干される「悪しき因習」の不条理

『週刊文春』(二〇一五年五月七・十四日合併号)の記事「能年玲奈　本誌直撃に悲痛な叫び　『私は仕事がしたい』」が大きな話題となった。NHKで一三年に放送された連続テレビ小説『あまちゃん』で主役を務めた国民的アイドル女優、能年玲奈が芸能界で干されているというのだ。

能年といえば、大ヒットした『あまちゃん』以降の二年間で映画二本、スペシャルドラマ一本の出演しかしておらず、芸能界では「出し惜しみ戦略」「仕事を選んでいる」などと言われていたが、実際には所属事務所、レプロエンタテインメントから「態度が悪い」という理由で干されているという。

記事によれば、『あまちゃん』を撮影していた頃の能年の月給は、わずか五万円。睡眠時間は平均三時間というハードスケジュールだったが、レプロはクルマも満足に用意せず、経験の浅い現場マネージャーが失態を繰り返した。

◆レプロ側が断り潰えた映画『進撃の巨人』ミカサ役

そうした状況で能年の身の回りの世話を引き受けたのが、能年が高校一年生の頃から演技指導を担当していた滝沢充子だったが、レプロとしては滝沢と関係を深める能年が面白くない。そして、『あまちゃん』がクランクアップした時に『あまちゃん』の公式ホームページに能年の感謝の言葉が掲載されたが、そこには滝沢の名前が記されていた。これが決定的に能年とレプロの関係を悪化させてしまった。

レプロに呼び出された能年は、チーフマネージャーから「玲奈の態度が悪いから、オファーが来ていない。仕事は入れられないよね。事務所を辞めたとしても、やっていけないと思うけどね」「今後は単発の仕事しか入れられない。長期(連続ドラマなど)は入れられない」「『あまちゃん』は視聴率は高かったから評価していますよ。でもお前は態度が悪いし、マネージャーと衝突するからダメだ。事務所に対する態度を改めろ」などと告げられた。

この時点で能年は干されていた。その後、人気漫画『進撃の巨人』の映画化で能年をヒロインのミカサ役に抜擢したいと製作陣は検討していたが、レプロがこれを断ったという。

これにショックを受けた能年は、レプロに「事務所を辞めたい」と申し出たが、契約書には「事務所の申し出により一度延長できる」という主旨の記載があり、能年とレプロの契約は一六年六月まで延長されることとなった。だが、一五年一月には、能年を代表取締役とする「三毛andカリントウ」という会社が設立され、取締役として滝沢が就任していることが発覚し、独立が現実味を帯びてきた。この頃から「能年が滝沢に洗脳されている」という報道が相次ぐようになる。

『週刊文春』の直撃取材に対し、能年は「私は仕事をしてファンの皆さんに見てほしいです。私は仕事がしたいです」と悲痛な叫びを訴えた。

◆事務所に嫌われたタレントはこれまでも不条理なほど干されてきた

『週刊文春』の報道に対し、「ブレイクして事務所にとっても稼ぎ頭のはずのタレントをなぜ干すのか?」といぶかる向きもあるが、所属会社との関係がこじれたタレントが干されたケースはこれまでにいくらでもある。

近年で言えば、研音に所属していた水嶋ヒロが同じく研音所属で稼ぎ頭だった綾香と結婚したことで事務所から嫌われ、退社に追い込まれたケースがある。

古いケースで言えば、一九五七年に映画会社の新東宝に所属していた新人女優の前田通子が監督の演出に楯突いたことで「ニューフェースのくせに生意気だ」とされ、退社に追い込まれ、映画界から追放されるという事件があった。

一般社会では、所属する会社との関係がこじれたら、別の会社に転職したり、独立するという選択肢があるが、芸能界ではそうはいかない。芸能界にはタレントの引き抜き禁止、独立阻止という鉄の掟が存在するからだ。

先に触れた前田の事件が起きる四年前の五三年九月三十日に、松竹、東宝、大映、新東宝、東映の映画メジャー五社の間で俳優の引き抜きを禁止する五社協定という申し合わせが調印されている。その後、日活を加え、六社協定になったが、前田の事件は、六社協定が発動された。当時の報道によれば、新東宝の大蔵貢社長が撮影所で「六社間では、前田通子を使わぬよう話し合いはついている」と語ったとされている。

◆人気者は作ろうと思って作れるものではない

人気俳優を追放することは、業界にとっても痛手ではないか、と見る向きもあろうが、芸能界ではそうではないらしい。俳優の引き抜きや独立が自由に行われれば、ギャラが高騰し、映画会社の財政を圧迫する。どの映画会社にとっても客を呼べる人気者は喉から手が出るほど欲しいからだ。だが、人気者は作ろうと思って作れるものではない。

一九一〇年代、草創期の映画界で最大のスターだったのは、日活の忍者映画で活躍した尾上松之助だったが、松之助はあまりの人気ぶりに自信を深め、育ての親だった日活の撮影所長で監督だったマキノ省三と真っ向から対立したことがあった。マキノは松之助を牽制しようと、新たなスターを育成しようとしたが、松之助に敵う俳優を発掘することに失敗し、退社に追い込まれた。松之助は後任の撮影所長に就任し、重役スターとなった。

だが、映画会社にとって松之助のような俳優の増長は経営的に悩ましい。そこで、メジャー映画会社間でカルテルを結び、俳優の引き抜きを禁じ、業界を保護しようという動きが出てきた。

戦前は四社連盟というカルテルが結ばれたが、その拘束力は脆弱で、大物俳優たちが独立して配給系統まで持っていた時期がある。戦後になってできた五社協定は、極めて強い拘束力を持ち、俳優たちの自由な芸能活動を圧迫していった。だが、五社協定は当初から独占禁止法違反ではないかとの指摘がなされていた。

前述の前田通子は、六社協定により干された後、東京法務局人権擁護部に訴えを起こしたところ、人権侵害が認定された。

また、五七年には『異母兄弟』という映画に俳優の南原伸二が所属していた東映に無断で出演したことが問題となり、五社協定違反とされ、映画会社五社が『異母兄弟』上映阻止に動いたことで、公正取引委員会が調査に乗り出したこともある。公取委は六三年に五社が「協定中、違反の疑いのある条項を削除し、その後、このような行為を繰り返しておらず、違反被疑行為は消滅したと認められたので、本件は不問に付した」という決定を下したが、実態としては五社協定は存続し、国会でも議論されたことがある。

五社協定は映画界の衰退とともに自然消滅したが、テレビの世界では五社協定同様のシステムを引き継いだ。五社協定をモデルとした音事協が六三年に設立され、現在まで大手芸能事務所がタレントの引き抜き禁止、独立阻止で団結している。

◆「悪しき因習」がタレントへの人権侵害を生み、芸能界の衰退を招く

能年が所属するレプロも音事協加盟社であり、能年が他の音事協加盟の有力事務所に移籍することは基本的にできない。かといって、音事協非加盟の弱小事務所に移籍したり、独立すれば業界全体からプレッシャーを受け、芸能活動ができなくなってしまう。五社協定の時代は、多くのメディアが五社協定に批判的だったが、今はほとんどのメディアが芸能界に組み込まれ、「芸能界の掟」に反するタレントをバッシングするようになっているから、システムとしての堅牢性は極めて強い。

能年が『あまちゃん』のヒットで国民的アイドル女優となりながら、事務所と対立したことで、飼い殺しとなり、仕事ができなくなってしまうのは、『あまちゃん』で能年と共演した小泉今日子がインタビューで語った言葉を借りれば、そうした「芸能界の悪しき因習」が背景にあるのだ。それは能年に対する人権侵害であるばかりでなく、五社協定と同様に芸能界の衰退を招き、視聴者にとっても大きな不利益をもたらしている。

音事協の違法性――芸能界が「独占禁止法違反」である根拠

拙著『芸能人はなぜ干されるのか？　芸能界独占禁止法違反』（鹿砦社）を出版してから、今ひとつ私の主張が伝わっていないところもあるかと思うので、ここで補足説明をしたいと思う。

まず、副題にある「芸能界独占禁止法違反」が理解されていないのではないだろうか。

そもそも独占禁止法は、正式名称を「私的独占の禁止及び公正取引の確保に関する法律」という。独占禁止法を運用する公正取引委員会のホームページによれば、その目的は「公正かつ自由な競争を促進し、事業者が自主的な判断で自由に活動できるようにすることです」という。

具体的に簡単に述べると、独占禁止法は、事業者に対し、「私的独占」「不当な取引制限」「不公正な取引方法」を禁じている。

◆芸能事務所間でのタレント引き抜きを音事協が禁じているのは独禁法違反

独占禁止法の観点から私が芸能界で問題だと考えているのは、大手芸能事務所のほとんどが加盟する業界団体である音事協が芸能事務所間のタレントの引き抜き（移籍）を禁じていることだ。タレントの引き抜き禁止は、音事協内において現状の固定化を強めることに役立っている。

また、対外的には音事協加盟社をより強くすることにつながる。というのも、音事協の外では引き抜きは禁じられていないからだ。そのために、音事協加盟の大手芸能事務所が音事協非加盟の弱小芸能事務所からタレントを引き抜くということがたびたび起きている。音事協非加盟の弱小芸能事務所はたとえ有望なタレントを獲得したとしても音事協加盟の大手芸能事務所がそのタレントの獲得に動くとなすすべもない。

週刊誌の芸能記者は「音事協に加盟できない弱小芸能事務所は、いいタレントを発掘できても音事協に引き抜かれておしまい。日本の芸能界は、音事協の有力事務所が動かしている」と指摘する。音事協には常に優秀な人材が流入し、利益を上げられる仕組みができているのだ。これはタレントの「私的独占」ではないのだろうか？

◆パチンコ機業界の違法「特許」と酷似する音事協加盟社の「タレント」縛り

今の芸能界に似ていると考えられるのが、かつてパチンコ機製造メーカーが作っていた「パテントプール」と呼ばれる仕組みだ。

有力パチンコ機製造メーカー十社は、パチンコ機に関わる特許権などを「日本遊技機特許運営連盟（日特連）」という会社に集積していたが、新規参入業者に対してはライセンスの許諾を拒否していた。パチンコ機の技術は多数の特許により成り立っているから、特許の許諾を得られなければ製造、販売ができない。事実上、新規参入は排除されていた。既存の業者は、このパテントプールの仕組みにより、市場競争を制限し、共存共栄を図っていたのである。だが、一九九七年、これを問題視した公正取引委員会は、パチンコ機メーカー十社と日特連に対して、独占禁止法三条前段（私的独占の禁止）を適用して審決が行われ、制限的なライセンス許諾契約の排除措置が行われた。

公正取引委員会によるこの審決は、「パチンコ機特許プール事件」として知られ、独占禁止法に関するテキストなどでもたびたび引用される重要な事件となっている。

パチンコ機業界における特許を音事協加盟社が抱えるタレントと見立てると、両者は実に似ている。パチンコ機の特許と違うのは、タレントが「モノを言う商品」であるということだろう。

◆芸能界とメディアの結託が不合理なビジネスモデルを存続させてきた

タレントは労働者であり、所属事務所に不満があれば文句を言う。不満が解消されなければ、事務所を辞めて独立しようとするかもしれない。だが、それを認めれば、芸能界、音事協のビジネスモデルは崩壊してしまう。だから、独立を画策したタレントは「恩を忘れた」などと理屈をつくって業界を挙げて潰しにかかるのだ。このシステムは、五三年に調印された映画界の五社協定以来、長い間続いてきた。

なぜこのような違法で不当なシステムが続いてきたのだろうか？

まず、メディアが芸能界と歩調を合わせてきたことがある。芸能界は音事協を中心として一致団結し、敵対するメディアに対し、タレントの出演拒否などの手段で対処してきた。メディアは次第に芸能界に飼い慣らされ、批判精神を失い、「芸能界の悪しき因習」の担い手として、独立を画策したタレントに猛バッシングを浴びせるようになっていったのである。

もう一つは、タレントに告発させないという仕組みがある。独立を画策したタレントは、芸能界から干されるが、それは一時的なものだ。そのタレントが反省の意思を示し、一年から数年が経てば復帰を許されるのである。タレントが嵐が過ぎるのを大人しく待っていれば再び芸能活動ができるということを知っていれば、芸能界批判をして問題をこじらせるという選択はしないのである。

これまで芸能界で干されたタレントは星の数ほどいるが、芸能界の不合理さを決定的に告発したタレントはほとんど存在しない。

だが、このシステムも最近になってほころびを見せ始めているのではないかと私は考えている。

叶姉妹――芸能界に蔓延する「枕営業」という人身売買

芸能界では昔から「枕営業」と呼ばれる人身売買が行われているとされているが、時に報道などによって明らかとなるケースがある。

二〇一〇年には契約解除をめぐる紛争でタレントの眞鍋かをりが芸能事務所、アヴィラと裁判沙汰になったが、この裁判の準備書面で眞鍋側は「仕事場の楽屋でマネージャーから（中略）『タレント某は社長と性的関係を持ったから、番組に出演出来た』などの低俗な話を聞かされた。実際に話題に上ったタレントの仕事量が増えた』『性的関係を持った女性タレントに小遣いを渡していた」などと主張し、物議を醸した。

◆頻発する犯罪報道で明らかになる「枕営業」強要の実態

一四年十二月には「ちょいワルおやじ」という流行語

を流行らせ一世を風靡した中年男性向けファッション誌『LEON』を創刊した有名編集者、岸田一郎から、『東京ガールズコレクション（TGC）』への出演を引き換え条件に肉体関係を強要されたとして二十三歳のモデルが『FRIDAY』で告発した。

一五年一月にはオリコンランキングで一位を獲得し人気が急上昇していたアイドルグループ、仮面女子のメンバーらが運営会社社長に日常的に性接待を強要されていたという告発が『週刊文春』で報じられた。

こうした報道は最近、特に増えている。

同年五月には、アイドルグループ、PASSPO☆のメンバーがツイッターで枕営業の実態をほのめかす内容の投稿をし、大騒動となり、元芸能事務所社長田代オリバーことベレン・オリバー・オリベッティ容疑者がタレント志望の女子中学生に「俺がデビューさせてやる」と持ち掛け、みだらな行為をしたとして、児童福祉法違反の疑いで逮捕され、東京・原宿ではスカウトした女性の着替えの様子を盗撮していた芸能事務所社長ら五人が逮捕される事件が起きた。

◆叶姉妹とミス・コンをめぐる一九九九年『週刊ポスト』スキャンダル報道の衝撃

私が調べた範囲では、「枕営業」に関する過去の報道でもっとも衝撃的だったのは、『週刊ポスト』が一九九九年十一月から十二月にかけ、五回にわたって報じた叶姉妹とミス・コンテストをめぐるスキャンダルだ。

叶姉妹といえば、九七年ごろから高級ファッション誌『25ans』に「スーパー読者」として紹介され、瞬く間に人気を獲得した、叶恭子、叶美香による姉妹ユニットだが、その実態は謎のベールに包まれていた。

『週刊ポスト』の報道には、叶姉妹と密接に交流した資産家令嬢のA子さんが登場し、「絶対にあの姉妹を許せません」として二年間にわたった「レズ奴隷生活」を告発した。

記事によれば、A子さんが数年前に知人宅を訪問したところ、その知人が叶恭子、叶美香を呼び出し、以降、交流が始まったという。

初対面の恭子は、「私のこと、知らない？　ミスコンの審査員をしてるの」と切り出し、しきりにミスコンへの出場を誘った。

恭子は毎日のようにA子さんに連絡をし、買い物などに同行させ、しまいにはレズ関係を迫るようになった。恭子は「三人目の妹になりたいなら頑張らないと」といつも言っていたという。

さらには、ある日、美香から「会えば絶対、勉強になる」などとと言われ、コンドームを手渡され、ホテルチェーンを経営しているという二代目の青年実業家を紹介され、関係を迫られた。

それが終わってから、美香はA子さんにこう言ったという。

「あの人はバカだから（利用するには）ちょうどいいの。あなたは初めてだから、ああいう人がいいのよ。電話番号は教えてないでしょうね」

それから一週間ほどして美香から「この間の人から電話が来たわよ。よかったわね。A子ちゃん。これでしっかりつかんだわ」と連絡があり、再び青年実業家との面会がセッティングされた。再び、面会した青年実業家は「君を紹介してもらうのはとても大変だったんだよ」と話していたという。

A子さんが、この間の経緯を恭子に説明し、抗議すると恭子は、「美香がやったのね。私は関知してないの」と釈明したという。

同様のことはその後も続く。そして、叶姉妹は、A子さんに自分たちが運営側として関係し、世界四大ミスコンテストの一つとされ、フィリピンが主催国の「ミス・アジアパシフィック」の日本代表選考会への出場を強く薦め、「A子ちゃんの頑張り次第で日本代表になれるから」と言った。

◆「ホントにやる気だったら、オレと寝ろ。二年でビッグにしてやるから」

そして、大会が一カ月後ぐらいに迫ったある日、美香が「ミスをとったあと、A子ちゃんのために個人事務所をやってくれるという人がいるの。絶対あなたのプラスになる人だから会ってみない」と紹介され、音楽関係のプロデューサーを紹介してもらった。

だが、このプロデューサーは、初めて会ったその日にバーに誘い、「ホントにやる気だったら、オレと寝ろ。（ミスコンの）代表になるには二〇〇〇万〜三〇〇〇万円かかる。そのカネはオレが出すから最低二年はつきあおう。

二年でビッグにしてやるから」と迫ったという。

これを聞いて気が動転したA子さんはその場から席を外し、叶姉妹に電話をかけたが、電話に出た美香は「A子ちゃん次第よ。でも、絶対あなたのためになる人だから……」と説得したという。

叶姉妹に憧れ信用しきっていたA子さんは、代表になるためには仕方がないと思い、いやいやながら部屋に行った。

その後もこのプロデューサーはA子さんにたびたび面会を求め、美香からも「会ってほしい」としつこく要請されたが、A子さんは拒絶した。

結局、A子さんは「ミス・アジアパシフィック」で小さな賞をもらったものの、代表にはなれなかった。

◆メディアが叶姉妹を攻め切れない理由——訴訟代理人・弘中惇一郎という脅威

叶姉妹というと、ネガティブな報道に対してはすぐに訴訟を起こすことで知られる。おまけに訴訟代理人は、「無罪請負人」という異名も持つ剛腕の弁護士、弘中惇一郎であり、メディアにとっては脅威だ。

『週刊ポスト』側も叶姉妹からの訴訟に備え、連載開始直後から告発者のA子さんを何カ月も各地の温泉に連れ出し、匿っていたという。叶姉妹サイドの反論として「A子さんは叶姉妹のストーカーだった」という記事が女性週刊誌に出たものの、結局、裁判には至らなかった模様だ。

最近、芸能界のセクハラ事件が相次ぐ事態を受け、ある芸能事務所がツイッター上で次のように呼びかけ、話題となった。

「現在、事務所の社長やマネージャーにセクハラされたり、体を要求されてる方がいたらご連絡ください！　未成年の方は、保護者の方と一緒にご連絡ください！　そういう糞事務所を叩き潰しましょう！」

その意気は買いたいが、芸能界の中枢から末端まであちこちではびこる人身売買は、構造的なものであり、直ちに改まるものではない。権力者が恣意的にキャスティングを歪め、オーディションがまともに機能していないという問題にメスを入れない限り、今後も似たような事件が起こり続けるだろう。

追　記：

この記事で「裁判にはならなかった」と記述したが、

この記事を見た関係者のインサイダー情報として『ポスト』と発行元・小学館関係者が刑事告訴されたことが判明、『ポスト』側が家宅捜索や逮捕を恐れ屈服し極秘に和解したという。具体的な和解内容は不明だが、和解後、小学館から叶姉妹の写真集が刊行されている。

芸能界はなぜ「芸能界のドン」が決めた治外法権から脱却できないのか？

二〇一七年三月、私は公正取引委員会競争政策研究センターで「独占禁止法をめぐる芸能界の諸問題」と題する講演をさせていただいた。

その後、七月以降、公取委が「芸能界で広く行われてきた契約が独占禁止法に抵触する可能性がある」と調査を進めているという報道が相次いだ。

私は一四年に『芸能人はなぜ干されるのか？』を鹿砦社より刊行させていただいて以来、一貫して芸能事務所との関係からタレントが干される現象が独占禁止法に違反し、芸能界を蝕んでいると主張してきたが、ここに来て具体的な動きが出てきた。

そのこと自体は芸能界と視聴者の利益にとって望ましいものだと言えそうだが、芸能界とのつながりの強い民放や週刊誌などでは、依然として芸能界の問題は採り上げられにくいということもあって、世間の反応は鈍いとも思う。

◆デーブ・スペクターの日本芸能界批判

そんな折、八月二十一日配信の『デイリー新潮』の記事「日本のテレビは二年間ドラマ制作をやめよ——デーブ・スペクター」でアメリカ人テレビプロデューサー、デーブ・スペクターが芸能界批判を展開していたのが気になった。その一部を抜粋する。

「ドラマだけは本当にひどすぎる。二〇～三〇年前と比べて進歩するどころか、どんどんクオリティが下がっている。特に問題なのは役者の演技力」

「何しろ、日本のドラマに出演してるのは、芝居経験に乏しい、モデルやアイドル上がりの素人同然の芸能人が多すぎるから」

「原因は、日本のドラマがキャスティング先行で進められるから。テレビ局がドラマ制作で大事にしているのは、視聴者ではなく芸能プロダクションとの関係です。テレビ局の幹部がプロダクションに接待されて、『うちの子、頼みますよ』と言われたら断れない」

デーブは、ここ十年ほどで「黄金時代」を迎えている海外ドラマと比較して日本のテレビドラマが低迷している原因がテレビ局と有力芸能事務所との癒着にあると喝破している。

「僕もテレビ業界で仕事をしてるから、あんまり厳しいことは言えませんが」としながらも、なかなか的確かつ辛辣な論評ではないだろうか。

◆渡辺淳一とデーブの対談

デーブと言えば、ＳＭＡＰ騒動の折もジャニーズ事務所批判をテレビで堂々と述べていたが、芸能界批判は今に始まったものではなく、来日してテレビに出演し始めた頃から、日本の芸能界に違和感を覚えていたようだ。『現代』（一九八九年四月号）に掲載されている「にんげん透視図」で作家の渡辺淳一とデーブの対談が掲載されている。その中で次のようなやりとりがあった。

デーブ　ぼくがおかしいと思うのは、日本人って芸能人は程度が低いと思っている。マスコミやテレビ界の人、あるいは本人だって『どうせオレは芸人だからな』って自分から消極的になっているから、それをよくしないと……。

渡辺　しかし、日本って国は、芸能というものを最初からやや低い位置に見てきた国で、それには歴史的な背景もあるのです。

デーブ　そこが暗いんだ。

渡辺　日本の芸能の発生をたどると、かつては歌舞伎役者だって河原乞食と呼ばれたようにアメリカのエンターテインメントとは歴史が違うんです。

デーブ　そういう見方はもう時代遅れだから、いい加減にやめるべきです。

渡辺　時代遅れではあるけれども、その暗さとか差別からさまざまなものを生み出してきたので、それ自体が日本の特性なんだからしようがない。

デーブ　その「しようがない」という単語をまず日本語から外さないと進歩がないでしょ。リクルート事件にしたって、「しようがない」という言葉を使い続けるのだったら、文句いっちゃいけないと思う。

渡辺　それは一理あるけど「しようがない」というのも日本という国の一つのあり方なんで、あなたは芸能人とばかりお付き合いしているからそう思うのでしょう。けれどもみなが芸人を尊敬するようになればすむという問題ではないでしょう。

デーブ　でも、芸能人のレベルは上げないと……。

渡辺　多くの日本人は、そうは思っていないと思うな。

デーブ　それは差別。江戸時代の残りだよね。だって、渡辺貞夫みたいなジャズマンは世界中に認められているし、森繁久彌さんだって立派だし、美空ひばりは程度の低い人間ですか。

渡辺　いや、頭が悪いとか程度が低いといっているのではありません。しかし、日本人の感覚からすれば、芸能界というのは浮き沈みの激しい当てにならない世界で、そこにいる人々はそのことに不安と潔《いさぎよ》さを感じている。つまり、自分をおとしめているから芸人なのであって、観客はまたそこに惹かれて観ているわけです。もし芸人が威張るようになったら、日本人はいまのような率直な気持ちでは観なくなるでしょう。

デーブ　それはどこの国でもそうですけどね。ただ、日本ではちょっと異質な芸能人観が残っているように感じる。

渡辺　それは、なにごとも歴史的な背景があるわけでね。一口にいって、日本は情緒の国で、論理的な西洋的発想と明らかにちがうところなわけです。その証拠に、日本語には季節の移り変わりに関わる言葉が多いけど、逆に論理を語る単語が少ないんですね。

デーブと渡辺の芸能界論議は一貫して噛み合わず、最後に渡辺は都合が悪くなったのか「日本人は論理的ではない」と言って逃げてしまった。

◆そこには差別の問題が深く関わっている

なぜ、「日本の芸能界は低レベルなまま放置され、これまで改革が進まなかったのか?」ということを考えると、デーブと渡辺の対談でも争点になっているように、そこには差別の問題が深く関わっている。

日本では中世から芸能に携わる者が卑賤視の対象とされてきたという歴史的背景があり、タレントが権利を主張することは認められてこなかった。日本人はそれを直視できないのである。

江戸時代、歌舞伎役者など芸能に携わる者は穢多・非人身分として扱われ、浅草など「悪所」と呼ばれる地域に隔離され、弾左衛門と呼ばれる穢多頭の支配を受けていた。現在においても、芸能界で不公正な契約慣行がまかり通ってきたのは、そうした歴史的な背景があるためだろう。芸能界は一刻も早く「芸能界のドン」が掟を決める治外法権の世界から脱却しなくてはならない。

事務所の投資なしに芸能界は成立しないのか？タレント移籍制限をめぐる諸問題

最近、芸能界におけるタレントの移籍制限をめぐる問題が相次いで報道されている。二〇一七年十二月二十七日付産経ニュースでは、「所属契約慣行の違法性指摘　芸能人、スポーツ選手　公取委が新見解」として、一八年一月十九日付『朝日新聞デジタル』では「芸能人らの移籍制限『違法の恐れ』　公取委、見解公表へ」として報じている。

公正取引委員会で一七年に設置された有識者会議がスポーツ選手や芸能タレントなどに対して不当な移籍制限などを一方的に課すことが独占禁止法違反にあたる恐れがあると示し、一八年二月にも結論を公表された。

その要旨は以下の通りだ。

①芸能人の移籍制限は独禁法上の問題が生じ、優越的地位濫用にも該当する。

②芸能事務所を移籍しようとするタレントに一定の不利益を課す行為は独禁法上の問題が生じる。

③タレントが「労働者」であることが独禁法の適用除外事由にならない。

④芸能事務所の投資回収の必要性にも留意。

⑤タレントに対するネガキャンにも一定の配慮。

この問題に関連して、私も共同通信から取材を受けて、一八年一月に一部地方紙でコメントが掲載された。

◆ようやく公取が動き始めた

私は一四年に上梓した『芸能人はなぜ干されるのか？』以来、芸能界のタレントの移籍制限や独立したタレントへの追放は独占禁止法に抵触すると主張してきたが、ようやく公取が問題を認め、動き始めたことには感慨深い。

ＳＭＡＰ騒動に見られたように、芸能事務所による芸能界支配は、タレントや視聴者、テレビ局にとって不利益であり、まったく合理的ではないものだ。

なぜ、この問題が放置されてきたかと言えば、芸能事務所側の「われわれはタレントに投資をし、それを回収しなければならないのだから、勝手な移籍や独立は許されない」という言い分があったことも一因だろう。

朝日記事でも、「芸能事務所が育成にかけた費用を回収することは正当化できるとして、業界内でどういった補償が適切か検討するよう求める方針だ」とあり、タレントに対する投資の問題が移籍制限の背景にはありそうだ。

◆アメリカではタレントとエージェンシーの関係は対等である

だが、私が調べた限りでは、世界のエンターテインメントの本場であるアメリカでは、タレントと日本の芸能事務所にあたるタレント・エージェンシーの関係は対等であり、タレントがエージェントとの契約を解除するのは自由であった。

では、アメリカのエンターテインメント業界では、タレントへの投資と回収という問題をどのように考えているのだろうか。そう思って、ハリウッドのエンターテインメント業界を規制するタレント・エージェンシー法を仔細に調べてみても、エージェントによるタレントへの投資については何も言及がなされていなかった。

拙著でもこの点についてはほとんど触れていないが、「芸能事務所はタレントに投資をしているのではないか?」と質問をされることがあったので、ここでは改めてこの問題について考えてみたい。

結論から言うと、私が調べた限り、アメリカのエージェントはタレントに投資をしていないようなのだ。

これについては『ハリウッド・ドリーム』（田村英里子著／文藝春秋）に詳しい。

田村英里子と言えば、日本ではサンミュージックに所属し、一九九〇年代にアイドル歌手として活動した後、二〇〇〇年にかねてからの夢であったアメリカでの映画出演を実現するため渡米し、NBCのテレビドラマ『HEROES』や『DRAGONBALL EVOLUTION』などのメジャー作品に多数出演し、実績を残した。

田村は日本でのキャリアを捨て何のバックアップもなく、単身渡米した。最初はアパート探しや英語が話せるようになるまで苦労をしている。

そんな彼女の芸能活動のスタートとなったのがアクティング・スタジオ、つまり俳優養成学校である。アメリカではアクティング・コーチの存在が社会的な地位として確立されており、撮影現場でアクティング・コーチが俳優を指導することも珍しくないという。

田村が通っていたアクティング・スタジオはブラッド・

ピットやシャーリーズ・セロン、ケイト・ハドソンなど、数々の有名俳優が学んだことで知られる名門スタジオだ。

クラスでは、毎回、アトランダムに選ばれた一組が映画や芝居のシーンを与えられ、一週間で仕上げ、クラス全員の前で演じ、コーチが厳しく指導する。

そして、スタジオに通いながら、エージェントを探す。エージェントは、俳優の代理人であり、所属するのではなく契約する相手だ。エージェントはモデル、コマーシャル、演劇の三つに区分されている。アメリカではエージェントとの契約がなければオーディションにすら参加できないこともあるが、演技力が要求される演劇のエージェントと契約するのは至難の業で、ハリウッドではエージェントを持てない俳優がほとんどだという。

田村もエージェントとの契約で苦労している。五十近くのエージェントに履歴書を送付しても、反応はまったくなく、電話をして「エージェントを探しています」などと言ったところで、ガチャンと切られるというのが当たり前だった。

そこで、田村は方針を転換し、演劇のエージェントではなく、コマーシャル・エージェントに目を向けたが、そこでも英語力が障害となり、なかなかうまくいかず、渡米から三年ほど過ぎてから、モデル・エージェントと契約することになった。これによって自信をつけた田村はコマーシャルのエージェントと契約することに成功し、〇六年、ヨーロッパで放送されるフォルクスワーゲンのテレビ・コマーシャルに出演を果たした。

この仕事をしたことで、田村は全米映画俳優組合（SAG、現在はSAG - AFTRA）への加入を許された。俳優が本格的な映画に出演するには、それ以前にオーディションに参加するには、SAGへの加入が必須だ。SAGへの加入は通常、三本のエキストラの出演が条件だが、田村はそれまでにエキストラのオーディションにも落ちた経験があり、SAGのメンバーになれたことは、大きな成果だった。

だが、この段階になっても田村は演劇のエージェントと契約ができなかった。そもそも、アメリカの映画やテレビ全体でアジア系の俳優が占める割合は三・四％にすぎず、通常、起用されるのは、アメリカ育ちのネイティブ・スピーカーである。

田村が日本で活躍していたことを知るアメリカ人はほぼいない。最初から出る幕はなく、エージェントからは「You are a hard sell」と言われ、返す言葉もなかった。

そんな田村がオーディションに合格し、大きな仕事を得たのはアメリカ三大ネットワークテレビの一つであるNBCが放送するドラマ『HEROES』セカンドシーズンのヒロイン、ヤエコ役だった。

オファーがあってから、出演料などの契約が進められるが、田村は次のように述べている。

「一般にはここで、エージェントまたは弁護士が登場し、クライアントであるアクターにとって、少しでも良い条件になるように折衝する。そして製作側とアクター双方が合意できる条件にいたった段階で、サインを交わして、ようやく正式なオファーとなる」

『HEROES』のセカンドシーズンは二四話の放送が予定されていたが、撮影の途中で全米脚本家組合のストライキが始まり、十一話で終了することになってしまった。

田村も『HEROES』の仲間とともに、SAGのプラカードを掲げてデモに参加している。

以上、田村のハリウッド女優としての軌跡をたどっていくと、日本の芸能界とはまったく異なることに気付かされる。

日本でタレントが芸能活動をするには、事務所に所属することが第一歩であり、その後は事務所の投資を含めてバックアップを受けることになる。

一方、アメリカでは、エージェントは弁護士と並ぶタレントの代理人であり、エージェントにとってタレントはクライアントである。弁護士が依頼人に投資をしないように、エージェントもタレントには投資をしない。日本では芸能事務所が所属タレントに演技のコーチを付けることもあるだろうが、アメリカでは俳優が自分でアルバイトをして稼いだお金でアクティング・スタジオに通う。

日本の芸能関係者は「事務所はタレントに投資をしているのだから、移籍は認められない」と言う。だが、これは因果関係が逆なのではないだろうか。

つまり、タレントが移籍できないことを知っているからこそ、安心して投資ができるのだ。「移籍されるかもしれない」という前提では、怖くて投資はできないはずである。

◆投資ができないのであれば芸能界は成立しないのか？

では、投資ができないのであれば芸能界は成立しないのかというと、そんなことはないだろう。現に世界のエンターテインメントでもっとも競争力のあるハリウッドでは、エージェントは俳優に投資をしていない。

そして、ハリウッドでもっとも力を持っているのがSAG‐AFTRAなどの俳優の労働組合である。田村英里子も脚本家の組合がストライキを起こしたために撮影が中断してしまったが、SAG‐AFTRAも過去には何度も大規模なストライキを行っている。SAG‐AFTRAは、最近も一六年から一七年にかけてゲーム声優の大規模ストライキを起こし、加入者が要求していた条件が盛り込まれた合意が交わされた。

日本でも公正取引委員会が主導する形で芸能界改革が緒についたが、芸能事務所がメディアに対して行う圧力は裏で行われるものであり、公取が介入したところで限界があるだろう。問題を是正するうえでもっとも必要なのはタレントによる労働組合の結成である。

芸能界ドラフト制度考

拙著『芸能人はなぜ干されるのか？』でも採り上げているが、芸能界には「メディア・タブー」とでも言うべき芸能事務所と芸能マスコミの不適切な関係が存在している。

その気になれば、芸能事務所はメディアに対して「タレントの出演や取材を拒否する」という伝家の宝刀を抜くことができる。過去には、音事協が芸能マスコミの報道内容を問題視し、加盟する芸能事務所に対して取材拒否をするよう呼びかけたことがある。

極論すれば、芸能事務所を怒らせると、タレントを引き揚げられる可能性があるのだから、タレントを起用しなければ番組や誌面を埋められない大手マスコミは芸能事務所と全面対決をすることはできないのだ。

芸能界の根本的な問題を採り上げた拙著は、当然、マスコミで黙殺されたが、一部、紹介してくれた媒体もあった。

『日経ＭＪ』（二〇一六年一月二十日付）に奇妙な記事が掲載されている。その直前に起きたＳＭＡＰの解散騒動を例にとって「マーケティングや経営の観点などから考えてみたい」という趣向なのだが、「手元に『芸能人はなぜ干されるのか？』（鹿砦社）という本がある。過去に芸能事務所を公然と批判したり、独立を画策したりして、干されたタレントの歴史だ」と拙著を紹介してくれている。

ところが、記事の論調は芸能事務所を擁護する方向に向かう。

「超人気アイドルであっても過去の事例では冷や飯を食わされるのが常だった。非情にも見えるが、知名度の低いタレントの卵を時間と金をかけて育て、成長後も様々な妨害から守る事務所がタレントの行動を規制するのはある程度、理解できる」

「公共物と化したブランドは作り手から離れ、消費者の心理に染み込んでいる。所有権を持っていてもお家事情だけで消費者を無視した扱いはできない。強大なジャニーズ事務所に非はなくても、ＳＭＡＰ解散となれば無傷ではいられなかったはずだ」

解散騒動が起きた時、ＳＭＡＰは結成二十五周年を迎えていた。ジャニーズ事務所が費用をかけてＳＭＡＰを育てたとしても当然、投資の回収は終わっていただろう。また、事務所にとってタレントは商品なのだから、守るのも当然だ。

さらに、この記事は「強大なジャニーズ事務所に非はなくても」とわざわざ続けているが、「非がある」と思われたからこそ、ジャニーズ事務所は世間から非難轟々になったのではないか。ジャニーズ事務所への配慮が見え隠れする記事なのだ。

それはともかく、記事では次のように芸能界に提言も行っている。

「テレビの視聴率も低迷し、先細る国内市場にどっぷりつかった芸能界。素人考えだが、一定の在籍年数を超えたスターはフリーエージェントを認めるなど、業界を活性化する仕組みの導入が必要かもしれない」

プロ野球の世界では、一九九三年のオフシーズンからフリーエージェント制度が導入された。原則として八シーズンの出場選手登録日数を経ると、選手は国内のいずれの球団とも選手契約を締結できる権利を行使できるようになる。また、九シーズンの出場選手登録を経ると、海外の球団とも選手契約を締結できる権利を行使できるようになる。

私は、芸能界でも一般企業のように制約なしに移籍や独立ができるようになることが望ましいと考えているが、経過措置としてこのような制度が導入されることには異論がない。

さて、そもそもプロ野球のフリーエージェント制度が導入された背景にはドラフト制度の存在があると考えられる。

プロ野球の世界では、毎年十月、日本野球機構がドラフト会議を開催し、新人選手との契約交渉権を抽選によって各球団に振り分ける。ドラフト指名を拒否した新人は、日本のプロ野球球団とは契約できず、社会人野球に進むか、進学するか、海外球団と契約するかの選択肢しかない。

プロ野球のドラフト制度は憲法によって保障されている職業選択の自由や独占禁止法に抵触するのではないかという議論が昔からあるが、各チームが新人と自由に契約できるようになると金銭的に余裕のあるチームに戦力が偏ってしまうため、戦力均衡のためにはドラフト制度が必要だという大義名分が優先されてきたようだ。

実は、芸能界でもドラフト制度の導入が検討されたことがある。

『サンデー毎日』(一九七八年十二月三十一日号)に音楽評論家の伊藤強が次のようなコメントを出している。

「ホリプロの堀威夫社長が私に直接言ったことなんですが、あまりどえらいことなんで思わず私が、〝お前さん恐ろしいこと考えてるな〟といったくらいです。つまりプロ野球のドラフト制度をそっくり芸能界に導入できないものか、というんです。そして、今、研究中だともいいました。

そのやり方は、プロ野球機構と同じに芸能界機構というものをつくり、タレントは最初、全員がこの機構に、〝就職〟するという形をとらせるんです。そしてドラフトと同じやり方でタレントを各プロダクションがとる、というんですね。そうすればそう簡単にはやめられないし、もし移籍しようとしたら元球団、ここでは元のプロダクションの了承がなければ移籍できぬ、としてしまうわけです。これは結局、タレントの反乱防止を狙っているんじゃないかかな?」

また、『月刊ペン』(一九八〇年八月号)の芸能評論家の桑原稲敏によるレポートにも同様の記載があるので引用しよう。

「ホリプロの堀威夫社長はタレントの〝反乱防止策〟として、プロ野球のドラフト制度を導入することも真剣に考えているらしい。つまり、一つのプロダクションに入ってきたタレントは、そこの了解がない限り五年間は独立や他の芸能プロに移籍できないというシステムである」

堀のこの構想について桑原は「もし堀社長が、このドラフト制度の導入を本気で考えているとすれば、タレントの人権を語る資格はないし、かえってタレントの独立熱に油を注ぐ結果になる」と批判している。

とは言え、制度を明示化するという意味では案外、妙案だったのではないかという気もする。これまで芸能界で行われてきたタレントの独立・移籍トラブルに対する対応は、闇カルテルをつくったり、裏からテレビ局やマスコミに圧力をかけるなど、とにかく不透明だった。

芸能界の裏側で何が行われているのかを視聴者も知ることはなく、だからこそ議論も起きなかったのだ。芸能界でもドラフト制度が導入されれば、それに対する是非が問われたり、タレントの人権にも配慮してフリーエージェント制度を導入すべしという意見が巻き起こるかもしれない。なお、プロ野球では、選手会という選手による労働組合が存在している。だからこそ、ドラフト制度に対抗するフリーエージェント制度が実現したのである。芸能界でもドラフト制度の導入を契機として、フリーエージェント制度の導入や労働組合の結成などの動きが出てくるかもしれない。

私が調べた限り、芸能界ドラフト制度を構想したホリプロの創業者、堀威夫は、もっともメディア露出の多い芸能事務所の経営者だ。過去には大量のインタビューに応じ、自身の経営論などを披露していた。九七年には芸能事務所としては異例の株式公開を果たしている。悪く言えば「出たがり」、良く言えば開明的な経営者だった。

バーニングプロダクションの周防郁雄やケイダッシュの川村龍夫、谷口元一、ジャニーズ事務所のジャニー喜多川、メリー喜多川など、現代の芸能界の実力者はほとんどメディアに登場することがない。その理由は、端的に言えば、「表に出られない」事情があるからだろう。その種の裏の実力者が業界を動かしてきたことにこれまでの芸能界の不健全さが集約されているようにも思われる。

付録

「美の女王」吉松育美VSケイダッシュ谷口元一裁判

（1）

二〇一五年八月六日、東京地方裁判所八〇六号法廷において、ミス・インターナショナル一二年グランプリの吉松育美が大手芸能事務所、ケイダッシュ幹部、谷口元一を訴えた裁判の証人尋問が行われた。

裁判に至るまでの経緯をざっと説明する。

一二年春、吉松がミス・インターナショナルのグランプリを獲得すると、元所属事務所顧問で総合格闘技団体K-1の元プロデューサー、石井和義が現れ、吉松を「芸能界のドン」と呼ばれる周防郁雄が経営する芸能事務所、バーニングプロダクションに連れてゆき、「われわれが日本の芸能界の掟を決めている。芸能の仕事をしたければ、バーニングプロダクションの周防社長の許しを得なければならない」と諭し、バーニンググループに入るよう要請した。

吉松がミス・インターナショナルを獲得し、それまで所属していた芸能事務所から独立すると、石井が再び現れ、「独立は支援するが、われわれのグループに入ることが条件だ」と主張し、自分と周防の親しい友人であるケイダッシュの谷口と面会するよう求めた。

それからしばらくして、吉松が出演していた日本テレビの番組『真相報道　バンキシャ！』の撮影現場に谷口が現れた。谷口は控室まで吉松を追いかけ、腕をつかんで拉致しようとし、番組スタッフに吉松に新しいマネージャーをつけると主張した。以降、谷口は業界中に圧力を強め、様々な嫌がらせが続き、吉松は仕事を失ってしまった。というのが、吉松側の主張である。

一三年十二月十六日、吉松は日本外国特派員協会で記者会見を行い、谷口から受けたストーカー被害の実態を明らかにし、その後、提訴に踏み切った。

一部報道では、一四年八月十五日に吉松の訴えが却下されたと報じられているが、これは仮処分の申請についてのものであり、その後、吉松は東京地裁に提訴し、今回の証人尋問はそれに付帯するものである。なお、谷口からも吉松に対し、名誉毀損があったとして反訴している。

以下、吉松の主尋問（吉松の訴訟代理人側からの質問）の模様をレポートする。

◆私は谷口元一氏という名前を聞いただけでも怖い、恐怖を感じていました

西川紀男弁護士　本件で被告になっている谷口さん、ご存知ですか？　お会いしたのは、二〇一二年の十二月三十日が最初でしたね。日本テレビが最初。それ以前に噂とか、あるいは雑誌、新聞で話を聞いたことは？

吉松育美　あります。私が最初に谷口元一氏の名前を知ったのは、二〇〇八年の元アナウンサーでありますす川田亜子さんの自殺の件で知りました。

西川紀　その時から怖い人とか、優しい人とか、どういう印象を持ちましたか？

吉松　その事件をきっかけに、川田亜子さんの自殺は、不明な点も多く、大きな波紋を呼んでいました。謎の死、謎の自殺に深く関わっていたのが谷口元一氏であり、また、谷口さんの所属している事務所、反社会的組織と深くつながっていると噂されております。それはネットや週刊誌、新聞などからでも一般的に誰もが知っている知識です。そういうことから、私は谷口元一氏という名前を聞いただけでも怖い、恐怖を感じていました。

西川紀　司法記者クラブでお話になったのがありますね。甲二四号証に出ているんですけど、司法記者クラブで言ったのと間違いない？　マットさん（吉松の海外エージェントであるマット・テイラーのこと）からは谷口さんのことについて、何か聞いていますか？

吉松　谷口さんとマット・テイラーさん、間に一〇〇〇万円の債務関係があることを知っています。

西川紀　それはいつごろの話ですか？　聞いたのは？

吉松　私が（マットから）コーチングを始めてわりと最初の方です。

西川紀　日本テレビにおける、谷口さんとあなたが最初に会ったその時の出来事を、二〇一二年の十二月三十日、『バンキシャ！』という番組でしたよね。その時に谷口さんが来た。谷口さんは、その番組の関係者だった？

吉松　当時、谷口さんは『バンキシャ！』の関係者としてまったく関係がない。でも、なぜ彼がその場にいたかというと、別の入館許可証を首からぶら下げていて、その番組にいました。

西川紀　そうすると、谷口さんは番組と関係ない。いわば無断侵入のようなものですか？

吉松　はい。その後、谷口さんが現れたあと、スタッフ

さんからも、大変申し訳ありませんでしたと何度も言われました。

西川紀　その時、谷口さんは、簡単に言うと、あなたに対して、どういうことを言ったんでしょうか？

吉松　まず、「吉松さんはこっちに来てください」と。それからマット・テイラー氏に対しては、「詐欺師だ」そして、「本物のマネージャーではない」と。私に向かっても「金返せ、金返せ」と心当たりのないことを、彼は私に向かって発言しました。

（2）

◆私は会いたくないと言いました

西川紀　（谷口から）あなたに対する暴行はありませんでしたか？

吉松　ありました。生放送の番組が終わった後、スタッフの誘導により、私は控室に行きました。でも、そのすぐ後ろに本来ならば、付き添いであったテーラー氏が私のすぐ後ろにいなければならないのに、彼を無理やり押しのけて（谷口が）私の方に近づいてきて、控室まで追いかけてきました。そして私は控室に怖くなって入った瞬間に後ろから谷口さんが右腕をつかみ、私を控室から連れだそうとしました。

西川紀　その前に確認したい。甲三八号証を示します。これは星野陽平さんの『芸能人はなぜ干されるのか？』という本なんですが、最後の「あとがきにかえて――」というところで、石井さん、ご存知ですか？（K‐1の）石井館長。その石井さんが「われわれが日本の芸能界の掟を決めている。芸能の仕事をしたければ、バーニングプロダクションの周防郁雄社長の許しを得なければならないと諭した」とありますが、これは事実ですか？

吉松　はい。

西川紀　で、その次に三〇八ページ下の段落に自分と周防の親しい友人であるケイダッシュの幹部、谷口元一と面会することを求めたとありますが、これも事実ですか？

吉松　事実です。

西川紀　で、面会するように求めたことに対してあなたは拒否されたということで、いいんですね。

吉松　私は会いたくないと言いました。（中略）

◆とても怖いし、どんな手を使ってでも、人を追い詰めてくるようなという印象がありました

西川紀　最初に初めて谷口さんと会われた時に、谷口さんがどういう方か、あなたは知っていた？

吉松　面識はありませんでしたが、噂は聞いていました。とても怖いし、どんな手を使ってでも、人を追い詰めてくるようなという印象がありました。

西川紀　腕を掴まれたとおっしゃいましたが、その後、どうされましたか？

吉松　何するのよと悲鳴を上げて振り払いました。

西川紀　谷口さんは結局、どこまであなたのところに来たのですか？

吉松　細かく言うと、控室の中まで入ってきました。そして、谷口さんの後ろにいたテーラーさんがその状況を見て、危険と判断し、谷口さんを無理やり押しのけて、すぐ控室のドアを閉めました。そのやり取りはほんの一瞬ですが、提出した録音記録の中にも残っています。

西川紀　その時、谷口さんはあなたに対して、新しいマネージャーをつけるからねとか、そういった趣旨のことは言っていたんですか？

吉松　その後、テーラー氏が谷口さんを控室から追い出した後、関係者に事情を説明しているやり取りがありました。私はそのやり取りをドア越しに聞いていたのですが、その中で「本当のマネージャーじゃない、本当のマネージャーを用意した」とか、また日テレのとても力のあるような人の名前を出したり、自分の会社であるケイダッシュの名前を出したり、とても、自分には力があるということ言って周りに圧力をかけようとしていました。

西川紀　「私の事務所を知ってるね」と谷口さんが言っ

た言葉は聞きましたか？　どういう趣旨でしょうか？

吉松　先程も言いましたように、インターネットには谷口さん、また関連する事務所は、反社会組織と深いつながりがあると言われていました。ですから、その名前を出すと、業界関係者であれば、誰でもが怖がってしまう状況が簡単に想像ができます。なので、彼はあえて自分の名前や名刺を差し出して、そういった名前を関係者に言ったのだと思います。

◆記者会見の反応はほとんどゼロ

西川紀　そういった趣旨のことはあなたの陳述書や司法記者クラブでの記者会見とか全部入っているんですが、司法記者クラブでこういう会見をした、あなたの目的は何ですか？

吉松　私の目的はそのような自分自身の経験により、社会の中には泣き寝入りをしている多くの女性、また、ストーカーの被害者がたくさんいることを知りました。なので、私は日本人初の世界一のミス・インターナショナルとして、この自分の陥った状況を自分の使命だと感じて、私が立ち上がらなければならないと思い、記者会見を開きました。

西川紀　記者会見、司法記者クラブでの記者会見、日本のマスコミでの反応は？

吉松　ほとんどゼロに近い反応でした。でも、私の記者会見には多くの、ほとんどといっていいほどのメディア関係者が取材に来ていました。質問も多くいただき、感覚としてはみなさん、興味を持たれている、これは報道されることなんだなという印象でした。

西川紀　海外は？

吉松　海外の反応は日本の反応とは真逆で、私が記者会見をした数分後からアメリカを中心に世界中に私の言ったことが報道されました。

◆「育美さんが川田亜子さんのようになることを心配しています」

西川紀　あなたのご両親、ご両親に対して、谷口さんのいろんな行為があったと？

吉松　ありました。まず、父親の携帯番号を知るはずのない谷口さんから職場にいた父親へ連絡がありました。また、谷口さんは私の実家にまで私のスキャンダル記事やテーラー氏（と谷口）の裁判資料、そして、私が嘘をついているという主張をして、とても両親は怖い思いをしました。

西川紀　実家の住所とか、電話番号をどうして知ったのでしょうか？

吉松　分かりません。父親の携帯番号も私の実家も、公に公表しているものではないので、どうしてどうやって調べたのかと、父親は怖い、気持ち悪いという思いでいっぱいでした。

西川紀　谷口さんは、育美さん、さらにその先の育美さんのお父さんやお母さんと関係ないじゃないですか？　つながりとか、心当たりは？

吉松　谷口さんの行為を正当化する理由というのは特に思い当たりません。

西川紀　お母さんはこの裁判で陳述書をお書きになっている。もちろん、あなたも読んでいますね？　非常に心配されている。苦しんでいる。

吉松　そうですね。母親も情報ソースがインターネットしかないので、谷口さんのことを調べると、さっきも言いましたように川田亜子さんの自殺の件が出てくる。そして、電話口で谷口氏は「育美さんが川田亜子さんのようになることを心配しています」と言いました。なので、いくら言葉が丁寧でも、インターネットに書かれているように自殺に追い込まれてしまうとか、もしくは自殺と見せかけて誰かに殺されてしまうのではないか、娘の命までなくなってしまうんじゃないかという恐怖で眠れぬ夜を過ごしたと言いました。その気持は私も同じです。

(3)

◆久光製薬との広告契約が合意直前で流れた

西川紀　育美さんと久光製薬との広告契約についてのお話をお聞きしたいです。久光製薬とのCM出演の話は、育美さんと久光製薬の本社が同郷だということで出てきたんでしょうが、いつごろから？

吉松　私が世界一になったわりとすぐ後、二〇一二年年末に、地元でパーティーがあったんですが、その時、久光製薬の中冨（博隆）会長から直々に「CMの話を考えているからね、よろしくね。こういう商品だから使ってみてね」と商品まで一緒に渡されて、CM出演を直接、依頼されました。

西川紀　その話は結局だめになったんですよね？　原因は？

吉松　原因は谷口元一さんが妨害したからです。

西川紀　どういう妨害ですか？

吉松　久光製薬や電通などに私の悪い噂を流しました。

西川紀　甲第三一号証を示します。ここに広告出演契約書とあります。それはいつごろ、渡されましたか？

吉松　これを渡されたのは、二〇一三年の六月になります。

西川紀　そういうドラフトが出てくるということは、交渉の進展というのはどの程度のものでしょうか？

吉松　このようなドラフトができあがっているというのは、つまり、ハンコ待ち、九〇％は交渉が成立していたということだと思います。

西川紀　金額はいくらでしたか？

吉松　三〇〇〇万から五〇〇〇万円。

西川紀　そういうことで、合意といってもいいですか？

吉松　はい。

西川紀　久光製薬と電通、あなたたちとの話し合いがあって、二〇一三年八月二十八日ごろ、だいたいダメなんだという結論が出ているんですよね。

吉松　私が知ったのは九月十日のミーティングです。久光製薬の方から、社内と電通で吉松育美さんのCMをやめようという意見が出てきたとのことでした。

西川紀　久光としては何を一番恐れたのか？

吉松　それは谷口さんからの妨害を一番気にしていました。

西川紀　妨害というのは？

吉松　私が久光さんと契約をした後、久光さんのイメージ、またはブランドイメージに影響するようなスキャンダルだったり、悪いことが起きるのではないかということを心配していました。

西川紀　それはマットさんとあなたの関係を公にするということですね。別に何もないんでしょうが、そういう話が谷口さんからあった？

吉松　久光製薬の方からは直接そのような話は聞いていませんが、谷口さんはこれまで私の父親に対しても「(育美さんは)テイラーさんと同棲しています。探偵を雇ったので、写真もあります」。ミス・インターナショナルを運営している国際文化協会の事務局にも「育美さんとテイラーさんが同棲していることを示すスキャンダル記事があります、場合によっては、それを出すみたいな話が起きているんですよ」と国際文化協会の松永さんからも言われました。また、『週刊新潮』の記事の中にも私とテイラーさんが一緒に住んでいるかのような表現があったので、谷口さんの言う私のスキャンダルというのは、テイラー氏と同棲していることだと思います。

西川紀　そういう同棲とかそういう事実はまったくないんですね？

吉松　まったくないです。

◆体調不良で辞退してくださいと国際文化協会の方から……

西川紀　あなたは二〇一二年のミス・インターナショナルだから、二〇一三年の新しいミス・インターナショナルのクラウンプリンセスができれば、新しいミスに王冠やガウンを着せるという役目があなたにはあったわけですよね。それはあなたにとっては大変名誉なことなのに、それができなくなったということでよろしいですか？

吉松　(言葉に詰まって)ごめんなさい。悲しいことなので……。谷口さん本人からミス・インターナショナルのスポンサーであるミスパリの方にガンガン連絡が来ている。ケイダッシュの谷口さんが動いているとなると、今後、スキャンダルが二番手、三番手出るか分からない。だから、吉松さんは体調不良で辞退してくださいと国際文化協会の方から……。

西川紀　体調不良を理由に休んでくれということを言われたということですね？　あの平山さんとか、松永さんたちの陳述書の中には、育美さんの不誠実な対応があるとか、仕事をしなかったとかいうような文言が入っていますが、その点については？

吉松　そういう事実はまったくありません。

西川紀　中国から帰ってくるのが遅れて仕事ができなかったというようなことがあったようですけど、それはどういう原因なんですか？

吉松　ミス・ジャパン時代なんですけど、中国から日本に帰ってくる前に台風の影響で乗り継ぎが遅れてしまって、日本に帰国することが遅れたために、仕事をまっとうすることができませんでした。

西川紀　私が先ほど、「同棲とかそういうことはないですね」とお伺いしたら、「ありません」と、あなたはきっぱりと否定した。ところが、谷口さんの方で調査されている行動調査報告書、甲第三三号証、甲三四号証、これらを示します。これを見ると、「一緒に家に帰ってくる」「九時以降は全然外に出なかった」という報告書なんです。ということは、ずっと二人がそこにいたということにはなりませんか。

吉松　なりません。まず、八月二十五日、探偵の方が調査を行ったことですが、九時以降もテイラー氏と私が同じ部屋で出てこなかったという報告がありますが、それは事実と異なります。

西川紀　テイラーさんは出て行ったのですか？

吉松　はい。その日は、テイラーはレンタカーを借りていました。なので、私も一緒に帰宅し、レンタカーで私を降ろしてそのままその足でレンタカーを返しに行っています。なので、レシートを見ていただければ分かると思いますが。

西川紀　今、おっしゃったレシートというのは、甲第三五号証ということですね。そのレンタカーの実着日というのが八月二十五日日曜日八時四十四分ですね。八時四十四分にはレンタカーを返しに行っている。逆算すると、家には確実に八時四十四分前に出なければいけないので、その報告書というのは、デタラメな報告書です。

（4）

これまでお伝えした吉松育美対谷口元一裁判の証人尋問でたびたび登場するマット・テイラーという人物について説明をしたい。

◆「川田亜子さんの死の謎を知るアメリカ人」として紹介されたテイラー氏

そもそも、テイラーが日本のマスコミで注目されたのは、二〇〇八年五月に元ＴＢＳアナウンサー、川田亜子が練炭自殺した事件だった。テイラーは、川田の「最後の恋人」とされ、川田の死の謎を知るアメリカ人として紹介された。

報道志望だった川田は〇七年十一月ごろ、世界核兵器解体基金という財団の代表を務め、核兵器廃絶を訴える平和活動家だったテイラーと知り合い、意気投合したという。当時、テイラーは核廃絶を祈る日本人僧侶らを追ったドキュメンタリー映画『ＧＡＴＥ』製作を監督として進めていたが、川田もこれにボランティアスタッフとして関わり、試写会の司会を務めたいと希望していたが、それがかなうことはなかった。

◆谷口に約一億円の損害賠償を請求する裁判を起こしたテイラー

川田は、〇七年三月にＴＢＳを退職し、大手芸能事務所ケイダッシュ所属のフリーアナウンサーとなったが、私がテイラーに取材したところ、そのきっかけとなったのが谷口との関係だったという。

川田を見初めた谷口はケイダッシュへの移籍を勧め、川田もこれを受け入れた。交際を始めた二人はやがて婚約し、パリ旅行に行った。この時の旅行で谷口は自分の重大な秘密を打ち明けた。これを聞いた川田は、谷口に強い不信感を持ち、婚約を破棄し、別れようとしていたという。

その後、川田はテイラーと知り合い、深い関係になっていった。だが、谷口は二人を許さなかった。

雑誌に川田のスキャンダル記事が掲載され、テイラーが製作を進めていた映画にも妨害があったという。

そして、〇八年五月二十五日、川田は港区海岸の路上に駐車してあった車の中で倒れているところを発見され、死亡が確認された。

川田の死後、テイラーは、「川田さんの自殺事件の真相を明らかにする」として谷口に約一億円の損害賠償を請求する裁判を起こした。

テイラーは、谷口が「テイラーは詐欺師だ」と触れ回った結果、映画の公開が中止に至ったと主張していたが、谷口は逆に「テイラー氏は、ロシアの核兵器の解体現場を撮影させると約束し、一〇〇〇万円を受け取ったのに、撮影は実現しなかった」として反訴した。テイラーは、谷口が返還を求めた一〇〇〇万円について「ＮＧＯの趣旨に賛同した谷口からの贈与である」と主張したが、結局、この裁判でテイラーは敗訴し、一〇〇〇万円の支払いが命じられた。

◆吉松のトラブルの背景に見え隠れする谷口とテイラーの対立

その後、吉松と谷口の間にトラブルが発生すると、谷口は吉松と近いテイラーに対してプレッシャーをかけようとしたのだろうか、先述の裁判で生じた債権が回収できていないとしてテイラーに対して破産を申し立てたのだった。

この時、テイラーは谷口に分割での支払いを申し出て話はまとまりかけたが、一三年三月、谷口は土壇場になって一〇〇〇万円の返還に加え「吉松育美の個人保証と権利」を条件とすることを提案した。テイラーは「吉松さんはこの件と関係がない」として、谷口からの提案を拒否して破産を受け入れると主張。すると、谷口は一転して破産申立自体を取り下げたのだった。

以上述べたように、吉松と谷口のトラブルの背景には、自殺した川田亜子をめぐる谷口とテイラーの対立があったのである。

(5)

吉松育美対谷口元一裁判の証人尋問の様子を続ける。吉松の訴訟代理人である西川紀男弁護士による吉松への質問が続く。

西川紀　『週刊新潮』についてお聞きしたい。『週刊新潮』があなたの佐賀のテレビとか、妨害したということはありましたか?

吉松　ありました。

西川紀　『週刊新潮』による妨害は、谷口さんの影響があったといえるのでしょうか?

吉松　まず、『週刊新潮』の記事を見てみると、谷口さんが依頼した探偵の報告書がそのまま出ています。

西川紀　先ほどの甲三四号証の写真を見ますと、十一枚の写真に世界核兵器解体基金という募金箱があるという内容を『週刊新潮』が全部、使っているんですね。それから、谷口さんが一カ月ぐらい前に週刊誌の記事の内容を知っていたということもあったとおっしゃいましたね。

〈ここで、谷口の代理人より、「異議、本人はそのようなことを言っていません」という申し立てがあった〉

西川紀　(国際文化協会の)平山さんの陳述書の中で二〇一三年十月二日に会ったと言ってますね。その時に「(吉松さんのスキャンダルが)マスコミに出るよ」という話がありますが、その記事というのはいつごろ出たんですか。

吉松　十一月十四日発売の『週刊新潮』で出ました。

西川紀　今、育美さんがおっしゃった『週刊新潮』の記事というのは、甲第一四号証ということですね? これが一三三ページの十一月十四日発売の『週刊新潮』の記事。

吉松　これをもってどうして谷口さんが裏で動いた、『週刊新潮』が出たのかといいますと、先ほどのミス・インターナショナル、国際文化協会の平山さんの陳述書の中で、谷口氏は十一月十四日発売の『週刊新潮』が出る一カ月も前、十月二日に面会をしています。面会の内容は谷口さんが、マスコミに私と谷口さんとマット・テイラーの事件を取り扱う上で、もしかしたら国際文化協会や吉松育美さんの名前が出るかもしれません、ご迷惑をおかけしますという内容で平山さんに接触しています。つまり、谷口さんが(『週刊新潮』の記事の内容を)把握していたということ、谷口さんが話していた内容の記事そのものが『週刊新潮』に一カ月後に出たので、その時点で『週刊新潮』の記事を把握していたということになります。しかし、谷口さんは週刊誌の人間でもなければ、まったく関係のない外部の人間であり、そこまでの情報を把握できるということは、つまり週刊誌の記者、または週刊誌ととても身近な存在である、影響を与えることができる存在であるということが容易に想像できます。

西川紀　ＩＹグローバル、つまり、あなたの会社に対する谷口さんのもろもろの行為、あるいは近所における探偵と称する者の行為については陳述書であなたがおっしゃっているとおりということですね。

吉松　異議ありません。

〈これより、弁護士が西川紀男から西川洋司に交代して、いくつか補足質問を始めたが、その中から一つだけ抜粋する〉

西川洋司弁護士　ミス・ジャパン時代に中国からの帰国が遅れたということですが、この点は文化協会は納得されていましたか？

吉松　はい。もともとこのアクシデントというのは、私が世界一になった後のことではなく、ミスではないんですが、ミス・ジャパン時代のことです。まだ、ミスではないんですが、台風の影響で日本に帰国できなかった、大変申し訳ありませんでした、ということを当時の私が所属していた事務所の社長、仕事に関わったスポンサーの会長、じきじきに国際文化協会の会長にお会いして報告書も出して、話は丸く収まっているんです。なので、陳述書で（国際文化協会の）松永さんが主張しているような私の意思で仕事をやりたくないからといって、キャンセルしたという事実は一切ありません。

西川洋　もし、文化協会が納得していなければ、世界大会に出場というのはどうなっていましたか？

吉松　本当に問題であれば、世界大会への出場すらできなかったと思います。

以上で吉松への主尋問は終了となった。次から、反対尋問（谷口側弁護士からの質問）の様子を伝える。

⑥

吉松への反対尋問が始まった。

質問に立つのは、ひと頃、過払い金の返還請求訴訟で有名だったＩＴＪ法律事務所の角地山宗行弁護士、池田尚弘弁護士、戸田泉弁護士の三名だ。

◆あなたが思っている根拠はお父様のお話だけですか？

角地山宗行弁護士　角地山から質問します。あなたは先程、西川先生からの質問で久光製薬との破談になった件について、谷口氏が久光製薬の関係者に対して悪い噂を流したとおっしゃいましたね。実際に谷口氏が久光製薬の誰に対して言ったのですか？

吉松　谷口氏と私の父親の電話の録音記録を聞いてもらえれば分かると思いますが、テイラー氏の悪い噂が会長のもとに入っていますよと言っていますので、私の認識では、久光製薬の中冨会長、また、代理店からも連絡があったと谷口さんは私の父親に対して話していたので、もちろん電通にも流していると思います。

角地山　久光製薬、電通、もしくは広告代理店の方からそのような話を聞いたことがありますか？

吉松　聞いたことはありません。

角地山　では、その谷口氏が中冨会長とかに悪い噂を流したと、あなたが思っている根拠はお父様のお話だけですか？

吉松　父親の話だけではなく、それは本人（谷口）が私の父親に対して説明していることです。

角地山　しかし、谷口さんが久光製薬の関係者に対して悪い噂を流しているといったようなことを自ら認めたといった事実はないんです。

吉松　私はそのように確認したことはございませんが、ミーティングの中で「谷口元一さんの妨害が怖い」、破談になった一番の原因は、谷口元一さんである、ということを久光製薬、あるいは電通の方から聞きました。

◆実際に妨害があったとは言ってなくて、妨害が怖いと言っているだけということですね

角地山　電通の方は、妨害が怖いと言っているだけで、実際に妨害があったといったようなことは言ってないいんですね。

吉松　時系列を簡単に言いますと、二〇一二年十月……。

角地山　質問に答えてください。久光製薬の方は、実際に妨害があったとは言ってなくて、妨害が怖いと言っているだけということですね。

吉松　私が久光製薬さんから言われてことは、谷口さんの妨害が今後あるかもわからないので、吉松さんとの契約はできないと言われました。ですが、久光製薬の会長がじきじきにお願いされて、また、あそこの形まで契約書が完成してハンコ待ちの状態になって、九〇％はゴーサインが出ている。しかし、谷口さんが父親に電話をして、そのようなことがあるといったように聞いています。ちょうど同じようなタイミングで谷口さんが動いたのか分かりませんが、偶然の一致で話が延びに延びて、会長とお会いして十カ月も後になって、契約が破談になったのはそれは容易に想像できると思います。

角地山　谷口さんがトラブルを起こすかもしれないということ以外にこの契約が破談になる理由の説明はありましたか？（甲一二号証に）「……新商品の遅れがあるとか、インターネット上での風評とか、吉松さんとの活動方針が違う……」とありますが、こういったことが総合的に理由があって、久光製薬の契約が破談になったということではありませんか？

吉松　違います。

角地山　なぜそう思いますか？

吉松　先ほどの資料を見せていただいていいでしょうか？　当時、私が電通の方に情報をいろいろ流せないというのは、谷口さんからの妨害行為が家族にも以前から積み重なってきた時期でもあるので、そういった私がどこにいる、どういうふうに何をしているのかという情報を流してしまうと、私の身に危険が生じるのではないかと思い、私は自らエージェントでありますテイラーにお願いして私の行動というのをあまり流さないでほしいと。そして電通さんはそれも理解したうえで話は進んでいました。また、ネットにはもちろん噂、嘘、本当、あると思います。ですが、久光製薬さんはいろいろな有名なタレントさんを扱っています。なので、そういったことを崩していくと、最終的に電通さんの口から言ったことは、やっぱり一番気になるのは、谷口さんからの妨害行為になります、というところで、話し合いは終わった。

角地山　いくつかの理由があるというのも事実ですね？

吉松　それは広告代理店が必死に他の理由で私に降りて

もらおうとしたことが原因だと思います。

◆谷口さんからあなたの世界大会の出場自粛を求められたことはないとおっしゃってますけども

角地山　ミス・インターナショナルの世界大会の実情についてお聞きします。国際文化協会の平山さんという方は、谷口さんと会ったことがあるけれども、松永さんという方は谷口さんとは会ったことがない、ということはご存知ですか?

吉松　はい。

角地山　ミス・インターナショナルの主催者である国際文化協会も平山さん、直接谷口さんとやり取りをした方ですけど、その方は陳述書の中で明確に谷口さんからあなたの世界大会の出場自粛を求められたことはないとおっしゃってますけども、あなたは国際文化協会の平山さんに対して谷口さんからこういった情勢があるということを確認したことはありますか?

吉松　ありません。ですが、松永さんのミーティングの中で松永さんは谷口さん本人から電話がかかっている、その電話は平山さんにかかってきて、本人曰く、私のスキャンダルがある、場合によっては、それを出してくるみたいな話が起こっているのでこちらとしては国際文化協会としては非常に心配しているよ、ということを伝えられました。芸能界では谷口元一さんもしくは谷口さんの会社であるケイダッシュというのは、反社会組織と深い関わりがあると言われています。なので、もちろん、松永さんが言った、心配している、スキャンダルが出てしまう、妨害される、何されるか分からないというふうに一般の方に恐怖を与えてしまうというのは、簡単に想像ができるんですが、谷口さんというのは一般の男性が普通に電話をかけるのとはわけが違う。なので、平山さんが直接そのようなことを言っていなくても、ミス・インターナショナル、国際文化協会側としては谷口さんからの電話、そしてケイダッシュが動いているということになると、どうなるか怖いので自粛してくださいと、私は言われました。

(7)

◆まだ実際にはそういった脅迫などのようなことは行われていないんですね

角地山　甲一七号証の五ページ上から二段落目ですね。テイラー（の発言として）「谷口が言っているのは、吉松を出したら、こういうの（スキャンダル）をマスコミに出すっていうわけ?」、松永（の発言で）「いや、そこまでは言ってないと思いますよ」というふうに松永さんから先ほどあなたが発言したところによると、松永さんは谷口さんが国際文化協会に対して脅迫のようなことをしているとおっしゃっていますが、ここで松永さんは明確に否定しているんじゃないですか?

吉松　このあと、今、弁護士さんが拾った行の一番最後には「まだね」という表現をしていますし、また、他にも「今後、どのようなことが起こるか分からない」と（いう発言があります）、要は「この先、何が起きるか分からない」という恐怖、そして心配というのを、谷口さんが電話していることによって感じているわけです。ここではもちろん否定しています。というのは、私を目の前にしてそういうことを言えるわけがない。でも、国際文化協会としては「そこまでは言っていませんよ、まだね」という、今後、危険な行為が行われる可能性が高い、もしくは私が危険な行為になる、もしくは国際文化協会が運営するミス・インターナショナル大会に影響が出る恐れがあるというのを想定してこういう発言をしているんです。

角地山　ですが、まだ実際にはそういった脅迫などのようなことは行われていないんですね。

吉松　さっきも言いましたように……。

角地山　いや、行われているか行われていないかを聞きたいんです。

吉松　「まだ」というのは……。

角地山　もう、いいです。乙二号証三ページを示します。三ページの四段落目。「吉松さんの日本代表時点での発言に一部不誠実な対応があったことや（中略）自粛をしていただくことを決めました」というふうに記載されています。ここで、あなたが国際文化協会に対して不誠実な対応をしたのではないですか?

吉松　ありません。

角地山　あなたがとっていないと思ったとしても国際文化協会の方が不誠実な対応だと感じるようなことがあったんじゃないですか？

吉松　ありません。また、国際文化協会がそういうこと（不誠実な対応があった）を言うのであれば、その時点で私に注意が来るはずです。でも、今まで国際文化協会からは具体的に注意を受けたことはありません。

◆スキャンダルを探す目的というのはあなたの推測ではないですか？

角地山　次に行きます。あなたはあなたのスキャンダルを探す目的で谷口さんが探偵に調査を行ったと主張されていますね。甲三三と三四。これはあなたが提出した証拠ですね。あなたはこの証拠を西川先生が裁判所に提出したということをご存知ですか？　この証拠がテイラー氏に対する動産執行の資料として裁判所に提出されたことはご存知ですか？

吉松　はい。

角地山　甲三三号証の調査対象には何と記載されていますか？

吉松　調査対象、氏名、マット・テイラー氏。

角地山　次に調査事項のところには何と記載されていますか？

吉松　マット・テイラー氏の活動拠点確認。

角地山　この行動調査報告書によると、調査対象はマット・テイラーとなっていまして、この資料が提出されたのは、動産執行の資料として提出されているんですけども、ということであれば、スキャンダルを探す目的というのはあなたの推測ではないですか？

吉松　先程も、おっしゃったように調査対象はあくまでマット・テイラーと書かれています。ですが、谷口さんは本当に純粋な気持ちでマット・テイラー氏だけの活動拠点を知りたいと思うのなら、この報告書の添付されている写真に私だけを写した写真を四枚も撮っています。それは写真の証拠を見ていただければ分かると思うのですが、写真のナンバー12、ナンバー11、そして、36、44番は、マット・テイラー氏だけではなく私だけをターゲットに写真の記録を残しています。また、この報告書の……。

角地山　あ、もう結構です。

吉松　……三ページ目を見ていただければ分かると思い

ますが、この探偵は「マット・テイラー氏の隣にいる一女性（吉松育美と思われる人物がいる）」と書かれています。つまり、その探偵は事前に谷口さんから吉松育美がいるという情報を……。

角地山　もういいです。結構です。あなたはあなたのスキャンダルを探す目的で動産執行が行われたと主張していますね。

吉松　私のスキャンダルを探す目的で動産執行が行われたということではなく、探偵の方が私のスキャンダルを探す目的で……。

角地山　ブログではそう書いてないですか？

吉松　……。

角地山　乙一〇号証（吉松育美オフィシャルブログ記事）を示します。あなたは動産執行について、下から三段落目、「しかし、テイラー氏との問題を理由にあげても不動産執行は法的にも不可能であることを知った彼は、次に動産執行という手を使って執行官に嘘を付き私の自宅を調べたのです」というふうに記載されています。

吉松　これは事実だけを述べたものであって、決してこの一文が谷口さんが動産執行に動いたのは私のスキャンダル目的でという主張にはならないですね。これは事実をただ私が淡々と述べているだけです。

角地山　ですが、この内容からすると、谷口さんはマット・テイラーだけでなく、あなたの自宅を調べるために動産執行を行ったように読めるんですけど。

吉松　それは読者によっては弁護士さんのようにそういうふうな受け取り方をされる方もいるでしょうし、私のようにこれは淡々とまあ事実通り言っただけだと受け取る方もいるでしょうし。

◆被告の社会的評価を低下させようとしてストーカーと呼んだのですか？

角地山　次に、あなたは「ストーカーゼロ　被害者が守られる社会を」というキャンペーンを立ち上げています。では、ストーカー規制法についても結構、勉強されたのでしょうか？

吉松　はい、当時はしました。

角地山　ストーカー規制法の対象が恋愛感情を充足する目的の行為に限定されることはご存知ですか？

吉松　はい。警察には同じようなことを言われました。

角地山　外国人記者クラブで記者会見をする前にあなた

は被告がストーカーであるという被害届を警察に出しましたか？

吉松　はい、出しました。

角地山　あなたは谷口氏があなたに対し恋愛感情を抱いていると思いましたか？

吉松　それは谷口さん本人に聞いていただかないと。私が抱くことではないので、谷口さんに聞いてください。

角地山　谷口さんはストーカー規制法のストーカーにあたりますか？

吉松　法律では分かりませんが……。

角地山　そこまで警察がこの件に関して捜査を開始しましたか？

吉松　受理してもらえませんでした。

角地山　なぜ受理してもらえなかったのですか？

吉松　その当時は管轄が違うという別の理由をつけて受理できないと言われました。

角地山　あなたと被告が恋愛関係にないのでストーカーにはならないというふうに説明されたのでは？

吉松　ストーカー規制法にはあたりません。法律にあたらないと言われました。

角地山　あなたは記者会見で何回ぐらい被告のことをストーカーと呼びましたか？

吉松　覚えていません。

角地山　覚えてないぐらい多数回言っているということですか？　あなたは警察から被告がストーカーにあたらないと認識しながら、被告のことをストーカーと呼んだのですか？

吉松　ストーカー規制法には彼の行為は今の日本の法律ではあてはまりませんが、辞書でストーカー行為、ストーカーと見ると、それは他人が恐怖を感じるつきまといと出てきます。まさに彼のやった行為というのはストーカーにあてはまります。ただ、やった行為は今の日本の社会では法律にあてはまらないという弁護士さんと私の認識の違いがあるのかなと思います。

角地山　警察から被告はストーカーにはあたらないと説明されながら、被告の社会的評価を低下させようとしてストーカーと呼んだのですか？

吉松　違います。私がこのようにやっているのは、谷口さん個人に対する怒り、もしくは憎しみからやっているのではありません。もしそのようにやっているのであれば仮処分の時点で私は谷口さんと和解をしています。でも、ここまで裁判所に来て闘っているのは、先程も言いましたように私のように、ストーカー規制法にあてはまらない、そして理不尽な理由で泣き寝入りをせざるをえない多くの女性、被害者がたくさんいると知ったので私は発言をしたら声を聞いてくれる人たちがいる、その女性、被害者の思いを背負ってここまでやっているのです。

（8）

吉松の反対尋問は、異常な展開になってきた。

角地山　あなたはCBSラジオで被告（谷口）が何人もの女性を殺したと公に発言されていますね。具体的には何人ぐらいでしょう。

吉松　まず、私は断定していません。その情報はすべてインターネット上で伝聞したものであり、私が自ら谷口さんが人殺しだと言ったことは一度もありません。

角地山　では、谷口さんが何人も人を殺したというふうに言われていることを……。

吉松　そのままインターネットに書いてある言葉を言いました。

角地山　あなたは被告が本当に人を殺したことがあると思っていますか？

吉松　それは本人に聞いてください。

角地山　では、人を殺したと思っていないにもかかわらず、被告を人殺しと言ったということですか？

吉松　インターネット上で今までの川田亜子さんの事件を調べてみると、そのようなことをネット上の新聞や週刊誌さまざまなところで見ることができます。

角地山　ですが、インターネット上の情報というのは、虚偽と真実が入り混じっているということはご存知ですか？

吉松　はい。

角地山　にもかかわらず、真実かどうかも分からないインターネット上の情報を信じてあなたは被告のことを人殺しであると……。

吉松　人殺しと言ったことはありません。

角地山　被告が何人もの人を殺したと発言されています。

吉松　それは私が判断したことではありません。それはすべて他の第三者の人たちが言っている、書いたものをそういうらしいというふうに発言しています。

角地山　あなたは他にもですね、多くの女性がパワハラ、セクハラ、ストーキング、精神的な虐待、恐喝、スキャンダルの脅しといった被告からの被害があると言ってますけど、その根拠もインターネット上の噂ということですか？

吉松　また、私の友人からも聞きました。

角地山　ミス・インターナショナルという影響力のあるあなたが軽々しく被告が人殺しだとか、どうしたとか、そういったことを言ったことで被告が多くの被害を被ると想像しませんでしたか？

吉松　しませんでした。

角地山　真実かは分からないけれどもあなたが被告を犯罪者とか、みんなが被告を犯罪者扱いするから、あなたも被告を犯罪者扱いしていいと思ったのですか？

吉松　違います。

角地山　あなたは谷口さんを加害者、自分を被害者と仕立てあげて世間に公表して注目を浴びたかっただけではないのですか？

吉松　違います。

角地山　私からは以上です。

〈続いて、被告代理人が角地山宗行弁護士から池田尚弘弁護士に交代する〉

池田尚弘弁護士　被告代理人池田から質問します。まず、久光製薬との関係について質問します。先ほどあなたは中冨会長からＣＭを頼まれてドラフトができた二〇一三年六月、九〇％ぐらい契約が成立していたというふうにおっしゃいましたね。契約の手順として会社が久光製薬と直接受けるのではなくて間に電通とか広告代理店が入るのはご存知ですか？

吉松　はい。

池田　今回であれば久光製薬の間に電通が依頼を受け、その子会社であるホイッスルが間に入っているわけですね。おそらく電通やホイッスルは、誰をタレント、キャラクターとして採用するかとかいろいろ調べた上で決定するのですが、そういったＣＭの手続き、契約の手続きについてはご存知ですか？

吉松　はい。

池田　今回、電通さん、ホイッスルさん、あと吉松さん、お話をされた二〇一三年九月、甲一三号証八ページ、九八、電通の町田さんがこう言っています。「われわれタレントさんとの契約の時にですね、ブッキングする際に当然、芸能事務所の方とお話をすすめるわけですけど、吉松さん、正直ＩＹグローバルさんというのがわれわれ普段、お付き合いがなくて分からなくて、で、分からない部分がたくさんあるので、事務所としてそれは大丈夫ですか？　僕ら広告代理人としてはキャスティング会社である立場の方にこれは調べてくださいよというふうに依頼をしているんですよ……」。すなわち電通さんは、吉松さんと取引をしたことがないので、この人を久光製薬のキャラクターとして採用していいか調べていたと、そういうことなんです。

吉松　いえ、以前にも電通さんとは私の会社でやりとりをしていたことがあります。

〈ここで出てくる「ホイッスル」について調べてみたところ、電通の子会社・関連会社一覧には掲載されていなかった。ネットで調べてみてもホイッスルについての情報は極端に少ないが、バーニングプロダクション系の広告代理店として知られるプロシードの主要取引先一覧に名を連ねていた。

　ホイッスルは二〇〇〇年に設立され、〇二年に電通の子会社である電通キャスティングアンドエンタテインメントと資本提携を結び、電通キャスティングアンドエンタテインメント内に営業所を置いている。

　久光製薬のＣＭ出演交渉では、当初、吉松の交渉相手は久光製薬だったが、途中からホイッスルが入ってきたという。契約書によれば、契約の当事者は吉松が代表を務めるＩＹグローバルと株式会社ホイッスルとなっている。ケイダッシュ案件ということでトラブル

が起こることを恐れた電通が別働隊のような形で出してきたのがホイッスルだったのだろうか〉

(9)

ITJ法律事務所の池田尚弘弁護士による吉松への反対尋問が続く。

池田 (電通が)あなたのことを調べていた時にあなたと海外エージェント、マット・テイラーさんとの関係が黒い噂としてこの当時、インターネットや新聞記事に掲載されていたことは?

吉松 その当時は私の名前を検索しても、テイラーとの黒い噂などがいろんなところで出るということはまったくありません。出たのは新聞社一社のみだったと思います。もしくはその新聞ですら、その時点では存在していなかったと思います。その契約書、もちろん電通が調べる段階では六月前のことなので、そうすると、そういったものは世の中に一度も出ていない時に調べたと思うので、それは違うと思います。

池田 甲二〇号証を示します。こういった記事が出ていたことはご存知ですね?

吉松 はい。

池田 では、聞きましょうか。日テレ事件について伺います。あなたは谷口さんが別な番組の入館証を持って入ってきたと言っていました。具体的にはどの番組ですか？

吉松　私は谷口さんが入ってきたところを見ていません。

池田　そうすると、あなたは『バンキシャ！』とは別な入館証を持って、谷口さんが入ったということを見たわけではないんですね？

吉松　『バンキシャ！』の番組関係者のスタッフから別な入館証を持っていた、色が違ったと言われました。

池田　はい。聞いたわけなんですね。スタジオからあなたの控室に出るまでの出来事ですが、あなたは先程詳細にお話ししていただけました。一番最初に私はスタッフに囲まれて、スタジオを出ましたと。

吉松　誘導されて。

池田　誘導されて。スタッフは何人ぐらい？

吉松　一人。

池田　あなたの横に？

吉松　前に。

池田　前に。誘導されて、スタジオから控室まで廊下を通るんですね。どのくらいの距離ですか？

吉松　そんなに長くない。

池田　通常であれば、マネージャーのマットさんが横にいるはずなんですが、その時は横にいなかったというふうに言ってました。どのくらい距離がありましたか？

吉松　でも、すぐ、谷口さんが割り込んで入ってきた感じだったので、私の後ろにすぐ谷口さんで、その後、テイラー。わりとそんなにすごく離れたところからという感じではなかった。

池田　谷口さんが割り込んだのは、どのあたりですかね？　スタジオ出て、一〇メートルぐらい歩いて、控室に行きますよね。どのあたりですか？

吉松　スタジオから。

池田　スタジオですか？　甲第七号証、七の一号証。これはスタジオから控室までの音声を先ほど、証人のテイラーさんが録ったものの反訳書です。ここには記載されていないんですけども、〇一三〇、一分三〇秒ぐらいのところで、「なぜ、彼がついてくるの？」とあなたは、マットさんに語りかけています。ただ、あなたの話だとずっとスタジオを出た後は、あなたの後ろはすぐ谷口さんですね。

吉松　はい。

池田　さあ、続いて控室に入ってからです。あなたは控室に入って、谷口さんがマットを押しのけ、あなたと一緒に控室に入った。控室の中であなたの右手をつかんだとおっしゃっていますね。その間にすぐ横にいたマットさん、もしくはすぐ横にいたスタッフはどういうふうにしていましたか？

吉松　スタッフは谷口さんが後ろからついてきていたことにに気づいていなかった。ただ、その出来事というのはとても一瞬のことだったので……。

池田　一瞬というのはどのくらいの間隔ですか？

吉松　録音記録を聞いていただければ分かりますが、五秒ぐらい。

池田　この廊下を歩いてくる音声を聞くと、「お金返して」という谷口さんの声が聞こえてくるんですけど、それでもスタッフは何も気づかなかった？

吉松　そうです。

池田　控室に入った時、スタッフ、あとはテイラーさん、お互い、どの位置にいましたか？

吉松　スタッフさんは控室に入ってきませんでした。テイラーは私に危害を加えようとする谷口さんを払いのけてドアをガシャンと閉めました。

池田　スタッフは控室に入っていない？　控室まで誘導するわけですね？

吉松　はい。

池田　そこですぐにあなたが入って五秒もないということは、入ってすぐに谷口さんが同行して控室に入った。スタッフは目の前で見ていますよね？

吉松　はい。

池田　でも、止めなかったんですか？

吉松　はい。さっき言ったように一瞬の出来事すぎて。

池田　その時にたとえば谷口さんがあなたの手をつかんだのであれば、何か谷口さんの声、もしくはスタッフの声、あとは止めようとしたテイラーさんの声が録音されていないんですか？

吉松　はい。でも、どうかしたのとは録音されています。私の悲鳴も録音されています。

池田　その言葉は、周りの皆さんは聞かなかったんですね。私からは以上です。

⑽

吉松に質問をする被告代理人が戸田泉弁護士に交替した。

戸田泉弁護士　代理人の戸田から質問させていただきます。ええと、確認ですが、マットさんはあなたのマネージャーですか？

吉松　海外エージェントです。

戸田　付き人という理解でいいですか？

吉松　そうですね。

戸田　ええと、話は飛びますが、久光さんとの契約の時にあなたはスキャンダルとか悪いことが問題になるのではないかということをおっしゃっていたと思いますが、そのスキャンダルというのはそのマットさんと同棲しているという噂と、実際は同棲しているかどうかは、分かっていませんが、同棲しているかどうかということがスキャンダルということですね？

吉松　それは分かりません。どんな形であれ、スキャンダルはスキャンダルです。

戸田　そのスキャンダルとか悪いことというのは、あなたから見たら、どういうのがスキャンダルとか、悪いこととして久光さんが考えていると理解していますか？先ほど、スキャンダルとか悪いこととおっしゃったと思いますが、それは具体的には？

吉松　たとえば、週刊誌に漏れるとか、そういうことだと思います。

戸田　週刊誌に載ってしまうと、広告は出れない、そういう事態ですか？

吉松　そうですね。日本の芸能界は、いいことでも悪いことでも、週刊誌に載るということはすごく嫌う傾向がありますので、スキャンダルというのは、週刊誌に載ってしまうこと。

戸田　その他に何かありますか？

吉松　悪いことというのはいろいろありますけど、今、ぱっと思いつくことはありません。

戸田　同棲しているという噂が流されることや週刊誌に載ることがスキャンダルや悪いことということですね？

吉松　同棲していることが悪いというのは、私の人権というか、私も自由に恋愛をする権利はありますので、悪いことにはならないです。それを面白おかしく仕立てあげるマスコミやそれに対して拒絶反応をしてしまうような企業。

戸田　今度は契約の金額の話です。先ほど、三〇〇〇万円から五〇〇〇万円というお話だったと思いますが、交渉は誰が行っていたんですか？

吉松　テイラーが。

戸田　テイラーさんは弁護士ですか？

吉松　違います。

〈この質問には、契約交渉のような法律行為を他人に代わって行うことは、本来、弁護士でなければならないのではないか、という含みがある。実際、暴力団絡みの地上げ事件で地上げ屋が弁護士資格を持たず地上げ交渉をしたために弁護士法違反で摘発された事例がある。場合によっては、テイラーも弁護士法違反に問われることもあるかもしれない。とは言え、谷口も立場は同様であり、弁護士もそれ以上深くは突っ込んでいない。芸能事務所が弁護士資格を持たずに出演交渉をタレントの代理人として行うことについて、日本の芸能界ではほとんど問題になったことがないが、タレントが芸能事務所から搾取される原因になっているとも言えよう〉

戸田　どういう立場でやられていたんですか？

吉松　私の代理人として。

戸田　あなたは直接テイラーさんに代理権を与えたんですね？

吉松　というよりも、芸能界でタレントというのは、直接企業とお金の交渉をするものではない。だいたい、マネージャーや付き人、エージェントを間に挟んで値段の交渉をするので、その時、その役割だったのがテイラーだったと思っていただければと思います。

戸田　じゃあ、具体的に金額が三〇〇〇万から五〇〇〇万だったというのは、あなたは直接はやりとりされていないということですね？

吉松　直接はしていません。

戸田　三〇〇〇万から五〇〇〇万の開きがあると思いますが、それでもあなたが九〇％決まっていると思う根拠は何ですか？

吉松　交渉の間では三〇〇〇万から五〇〇〇万でしたが、最終的には三〇〇〇万です。

戸田　三〇〇〇万円で話がまとまったと考えていいですね。

吉松　はい。
戸田　今まであなたは、広告の契約を何本かやられていたのですか?
吉松　はい、アメリカでやっています。
戸田　これ以前には何本かやったことはありますか?
吉松　以前にはやったことはありません。
戸田　はい。今までは何か小さな金額の広告とかにも出たことはありませんか?
吉松　今までというのは?
戸田　契約の前。
吉松　ないです。
戸田　その前にあなたは事務所に所属されていたと思いますが、そこではどういう活動されていましたか?
吉松　……イベントに出演したりということをやっていました。
戸田　そこに所属されるタレントさんで有名な方はいらっしゃいますか?
吉松　ゼロです。
戸田　そうすると、あなたは芸能界に詳しいとは決していえないいんじゃないですか?
吉松　そうですね。はい、広告関係については、テクニカルな話については私はプロではありません。
戸田　谷口さんとお会いした回数については?
吉松　一回です。
戸田　日テレの時だけということですか。ええ、あなたがつきまとったと評価するのは、動産執行されたということと、あとは日テレの時と、ご両親に電話したことと後はあなたの主張によれば、久光さんとか、国際文化協会に谷口さんが圧力をかけたこと、あとは週刊誌を使ったこと。
吉松　プラス、私の事務所にいく度となく電話をかけてきたこと。
戸田　あなたの事務所というのは、新しい自分で立ち上げられた事務所ということですね。
吉松　はい。
戸田　そこで電話に出られたのは誰ですか?
吉松　うちのスタッフです。
戸田　何回ぐらい?
吉松　数えていないですが、覚えていないぐらいに電話がかかってきました。
戸田　頻繁にですか?
吉松　はい。

⑪

戸田泉弁護士らによる反対尋問が続く。

戸田　先ほど、あなたは谷口さんが殺人をしたらしいということをおっしゃいましたが、その根拠としてインターネットや友人とおっしゃられましたが、他には？

吉松　あります。

戸田　何が根拠でしょう？

吉松　二〇〇八年に川田亜子さんが亡くなった一番最後の恋人と言われているのがマット・テイラーさんであり、その彼女が亡くなった日の時系列に関してなんですけど、谷口さんは川田亜子さんに直接電話をかけて、「今から練炭を買ってこい、練炭を買って来い」と言われて、その日、川田亜子さんは谷口さんと会うアポイントを取って、その日に……翌日ですね、次の日に、練炭自殺をして遺体で発見された、ということですね。

戸田　マットさんから聞いたんですね？

吉松　はい。

戸田　マットさんに洗脳されているとは思いますか？

吉松　思いません。

戸田　他にありますか？

吉松　ここで言う必要があるんでしょうか？

戸田　あの、あなたは名誉毀損をしたということで、この裁判所にいるので、根拠は他にはないですか？　他にはないという理解でいいですか？

吉松　他にもありますが、彼女たちの了承を得ないうえでここで発言することはできません。というのも私が、彼女たちもここで発言することによって谷口さん側に名前が分かって彼女たちも業務妨害が発生したら、私の責任は取れませんので。

戸田　なるほど、彼女たちというのは、谷口さんが殺人するところを見られたのですか？

吉松　違います。パワハラ、セクハラをした話です。

戸田　殺人のことについて伺いたいんです。

吉松　殺人については知りません。

戸田　では、殺人のことはあなたはインターネットとテイラーさん以外からの誰からも聞いたことはないんですか？

吉松　はい。

戸田　以上です。

角地山　日テレの事件についてお聞きしたんですが、スタッフの方は谷口さんが後ろから追いかけてきたことについて、気づかなかったとおっしゃっていましたが、その前にスタジオの方であなたにおっしゃったことだと谷口さんは別のマネージャーを連れてきたとか、金返せとかといったことを大声で叫んでいたとおっしゃっていましたね。そういうことであれば、スタッフの方は十分、谷口さんに注意を払っていてもよかったのではないでしょうか?

吉松 注意していました。

角地山 先ほどの話だと気づかなかったと……。

吉松 ただ、スタッフといっても『バンキシャ』のスタッフは一人じゃないので、他にもたくさんスタッフが周りにいて、その他の方たちは注意をしているのは見ました。でも、私を誘導する係のスタッフというのは、番組内でもまあ多分、そこまで上の方ではない、権限のない女性の方だったので、彼女は私を吉松さんの控室に誘導しなくてはいけないという任務だけを持って、吉松さんこっちに来てくださいっていうふうに誘導してくれたので、彼女は気づいていなかったのですが、その他のスタッフは気づいていました。

続いて吉松側代理人と裁判官からの質問が始まった。

西川洋 ＣＢＳラジオの発言で、今、被告代理人の方から質問で人殺しとか殺人とかという話をしたんですけど、あの吉松さんの発言として日本語で発言したわけではない?

吉松 はい。すべて英語です。

西川洋 人殺しとか、殺人とか断言したわけではない?

吉松 はい。ありません。

西川洋 今回、人を殺しているとかっていう話が出てきているっていうのは、吉松さんが（日本語）訳をしたものでもない?

吉松 はい。

西川洋 吉松さんとしては、その訳文のような意味合いでの発言をしたつもりなのか、そうではないのか?

吉松 その訳文は第三者が勝手にやったものなので、私の意思とはまったく違うものです。

裁判官 乙一七号証の三に……こういう発言をされたということでいいのでしょうか?

吉松 結構です。

裁判官 この発言自体はこの通りでいいということです

ね？

吉松　英文はそうです。

裁判官　訳が自分の考え方とは違う？

吉松　はい。

裁判官　ご自分としては、どういうつもりで言ったのか？　教えてください。

吉松　ええ、私は谷口さんは殺人犯だというような断言をするような言い方ではなく、「people say」と言っているように、人々、人々というのは、直訳すると人々ということになりますが、ネットだったり、そういった「第三者によると」という言い方をしました。そういうつもりです。

裁判官　訳文に「聞くところによると」となっていますが、そういうことが言われているという趣旨でいいですか？　彼は過去に何人かの女性を殺したり自殺に追いやったりしたと人々が言ってますと、直訳するとそういう意味ですか？

吉松　直訳すると、そうですが、私としては断定的に言っているつもりではありません。

西川洋　あの、今のところ、英語だと「murdered, or forced to commit suicide」となっているんですけど、ここには殺したり、自殺に追いやったりとなっているんですが、「or」というのはどういう趣旨ですか？

吉松　「または」。

西川洋　というのは、どちらか特定できないということ？

吉松　はい。

本連載開始直後から私の周辺で起き始めた奇妙な出来事

本書は、もともと鹿砦社が運営する『デジタル鹿砦社通信』で「脱法芸能」という名の連載として二〇一四年八月から開始されたが、この間、私の周辺では様々な異変が起きていた。

◆ビートたけし独立事件に触れた直後に起こった異変

その電話はビートたけしの独立事件について触れた記事が二〇一四年十月二十日に掲載された直後、非通知でかかってきた。電話の主の男は広島弁で、いかにも暴力団員風だったので、私が「組織の方ですか？」と聞くと反応はなかった。

「お前、昔、（暴力団の）S会から追い込みをかけられて、ワシに頼ってきただろう？ 京王プラザで会ったじゃないか？ それを覚えてないのか？ お前、ぶっとんじゃったんじゃないの？」と言うのだが、私はS会に追われたことも、京王プラザホテルに行ったことも、この人物と会ったこともないのである。

「覚えてないです」と私が言うと、「何かのパーティーで知り合ったんだ。君の名刺をワシは持っている」と言ってきた。脅しのつもりであろうか。

それ以外にも電話の主は、私の収入や付き合いのある週刊誌などについて尋ねてきた。それで私がある週刊誌について言及したところ、その直後にその週刊誌に所属する私の知人のデスクから電話があった。

その週刊誌デスクは、開口一番「FX（外国為替証拠金取引）の仕事を依頼したい」と言ってきたが、私は「FXについては知識がない」と答え、この申し出を断った。その週刊誌デスクは、私とあまり話をしたくないようで、すぐに会話を打ち切った。

なお、そのデスクが所属する週刊誌はバーニングプロダクションやケイダッシュと関係が深いと言われており、そのデスクもバーニングプロダクション社長、周防郁雄と面識があるという。また、このデスクと親しいフリージャーナリストが、周防と敵対関係にある大日本新政會総裁の笠岡和雄に熱心に取材をしていたことがあったが、私がそのフリージャーナリストに「どこで記事を書いたんですか？」と尋ねたところ、「記事は書いたことはない」と言っていた。記事にしないのに、どうして取材をするのか、不思議に思ったものである。

◆非通知の電話主は「連載は本にするのか？」と聞いてきた

その後も妙な電話が続いた。次に非通知で電話をかけた来た人物は、先に述べた広島弁の男よりも声色は若く、言葉遣いは明らかに不良風だった。この人物も「パーティーで知り合った。アンタの名刺を持っている。名刺なんかこれまでに何千、何万枚と配っただろう？」と言うが、私には記憶がないのだ。

この人物は、先の広島弁の男に私が話した情報を知っており、それを前提に質問をしているようで、やはり私の収入や付き合いのある週刊誌について知りたがっていた。また、「連載は本にするのか？」と聞いてきた。「東京駅周辺の喫茶店で会いたい」とも言われたが、私は素性の知れない人物と会うつもりはなく断った。

この人物は、私を安心させる意図があったのか、暴力団について記事を執筆しているフリーライターの名前を何人か挙げていたが、その中に私の知人のフリーライターの名前があり、「あいつは今、関東連合について取材している」と言っていた。

その後、このフリーライターの知人に確認してみると、関東連合の関係者が「星野君と電話で話した」と言っていたという。先に述べた広島弁の男とのやり取りで私はこの関東連合関係者について言及している。また、この関東連合関係者はかつて芸能事務所の仕事をしており、過去にバーニングの周防と関係が深い格闘技プロデューサーの石井和義の下で働いていたことが分かっている。

◆『芸能人はなぜ干されるのか？』の読者と名乗る芸能関係者による奇妙な接触

その後も、おかしな出来事は続いた。先の週刊誌の別の記者から、タレントの独立問題について取材依頼があり、これに応じたところ、記事ではまったく使われず、私とは立場がまったく異なる芸能評論家のコメントが掲載されていた。

その直後に拙著『芸能人はなぜ干されるのか？』の読者だという芸能関係者からメールで連絡があった。いろいろと人脈があるというので会ったところ、逆に私の情報源を探るような質問をしてきたため、関係を遮断した。

「訴訟の準備をしております」と私に警告してきた匿名メール

先に述べたような奇妙な電話は、私が『芸能人はなぜ干されるのか?』を出版する前からあったことだ。

もう何年も前のことになるが、「何かネタはないか?」と会った覚えのない暴力団員風の男から探りを入れるような電話があったり、「ブローカーをしている」というやはり面識のない人物から「仕事を頼みたい。安室奈美恵の下半身スキャンダルがある」という電話が非通知でかかって来たことがあった。

二〇一四年八月に安室奈美恵の独立騒動が持ち上がったことがあったが、その際、安室と安室に独立を焚き付けているされる人物との関係がクローズアップされ、「これのことだったのか」と思った。

◆「星野の自宅を教えれば、もうメールは送らない」という匿名メールが編集者に届いた後に

奇妙な出来事はさらに続く。本書の版元である鹿砦社の忘年会で知り合いの編集者からこんな話を聞いた。

「最近、匿名のおかしなメールが届くようになって困っている。さっきもほとんど知っている人がいないはずの携帯メールに、忘年会での僕の様子について書いてあって、まるで自分が監視されているようだ」

そして、その数日後、この編集者のメールに「星野の自宅を教えれば、もうメールは送らない」という趣旨のメールが届いたという。

そして、『デジタル鹿砦社通信』で吉松対谷口裁判の模様をレポートしていた最中の一五年十二月二十八日に、私のメールアドレスに届いたのが次の文章である。

「警告

鹿砦社通信について

こちらも憤慨の気持ちが収まらず、刑事事件として警視庁本部ならびに原宿警察署、そして東京地方検察庁に対して被害届を申請する運びといたしました。

東京地方検察庁は、倉持俊宏　検察官検事、原宿警察署は生活安全課の伊藤課長ならびに鈴木係長、警視庁本部は、熊谷氏に一任をしております。

また、弁護士に関しては、リーガルキュレート総合法律事務所の高柳孔明弁護士、木下・脇田虎ノ門法律事務所の藤田武俊弁護士、鵜飼パートナーズ鵜飼大代表弁護士、東京成功総合法律事務所・上海市成功綜合律師事務所長、真貝曉弁護士に相談を受けて準備しています。

日本において『忘れられる権利』が浸透しておらず、それどころか事実とはまったく異なる記事として依然、WEBサイトに掲載しており、風評被害・名誉棄損に値するからです。

現在、私に該当する情報に関しては、すべてに対して

訴訟の準備をしております。それまでに少しでも解決したく仮処分として、削除申請を各公共団体、各署に手続きをしている次第です。」

この種の通知は、通常、弁護士が内容証明で相手方に送付するものでだが、このメールは差出人は不明であり、「私に該当する情報に関しては、すべてに対して訴訟の準備をしております」と言われても、対応は困難だ。

この項では、ミス・インターナショナルの吉松育美と大手芸能事務所、ケイダッシュ幹部の谷口元一の証人尋問の様子をレポートしているが、吉松の証人尋問を伝えるだけでは、公平性に欠けるだろう。これからは谷口の言い分もできる限り掲載したい。

日本国憲法第八二条第一項には「裁判の対審及び判決は、公開法廷でこれを行ふ」とあり、裁判の公開が保障されている。

また、名誉毀損については、互いに言論を交わすことができる平等な立場であり、被害者が加害者に対し自由に発言し、必要十分な反論ができていれば、違法性が阻却されるという「対抗言論の法理」という考え方がある。その意味で適法性の観点からも、法廷における谷口の言い分を掲載することは重要であると私は考えている。

⑫

吉松育美対谷口元一裁判の証人尋問は、谷口の主尋問（谷口側弁護士からの質問）へと移った。

谷口は、大手芸能事務所ケイダッシュの取締役、ケイダッシュの関連会社、パールダッシュの社長を務めている。ケイダッシュといえば、バーニングプロダクションの取締役でもある川村龍夫が代表取締役会長を務めており、芸能界での影響力は大きい。
谷口の経歴は不明な点が多いが、「芸能界のドン」と言われるバーニングプロダクションの社長、周防郁雄は、神戸を拠点とする暴力団、二代目松浦組の組長、笠岡和雄に対し、「谷口は息子の家庭教師をやってもらったことがあって、身内なんですよ」と語ったことがある。
芸能界で谷口は「本籍ケイダッシュ、現住所バーニング」と言われ、ケイダッシュに籍を置きながら、バーニングの意向を体現し、権勢を振るっているとの指摘がある。
だが、証人尋問での谷口は、弁護士からの質問に蚊の鳴くような声でしか答えず、「芸能界の権力者」というイメージからは程遠いものだった。
本稿では、谷口の発言であまりに聞き取りにくい部分については、「……」として省略している。
池田　被告代理人池田から質問します。乙五二号証と五四号証を示します。これは陳述書というものですが、これはあなたから私たちが聞いたお話を私たちがまとめ、それを確認のうえ、署名・捺印してもらったということでよろしいですね？
谷口元一　はい。
池田　まずは、マット氏との関係を伺いします。あなたは原告の海外エージェントと言ってますけど、吉松さんの海外エージェントのマット・テイラー氏とはどういう関係ですか？
谷口　詐欺の被害者です。核兵器を解体するという映画を撮らせるということで……。
池田　（マットが谷口に対して一〇〇〇万円の支払いを命じる）判決以降、あなたはマットさんからお金を返してもらいましたか？
谷口　一円も返してもらっていません。
池田　一円も返してもらっていない？　分かりました。さあ、続いて、日本テレビ局内の出来事について伺います。平成二十四年十二月三十日、日本テレビ局内にあなたいましたね？
谷口　はい。
池田　その時、あなたは何の用があって、日本テレビ局内にいたんですか？
谷口　年末ということで、各局を回って挨拶をしていました。

池田　日本テレビにいる方に挨拶をするためにいたということですね？　テレビ局内にはどうやって入ったのでしょうか？

谷口　入構証を持っていたのでそれで入りました。

池田　乙五五号証を示します。ここに下に書いてある日テレ、これが入構証ということですね？

谷口　はい。

池田　この入構証は、一定の番組だけに入れるものなんですか？

谷口　日本テレビ全局に入れます。

池田　分かりました。『バンキシャ！』のスタジオに入ったのもこの入構証ですか？

谷口　はい。

池田　そうすると、『バンキシャ！』のスタジオに入るための入構証ではない、別な局の入構証を使って入ったということはありますか？

谷口　ないです。

池田　なぜ『バンキシャ！』のスタジオに行ったのでしょう？

谷口　生放送中、知り合いのマネージャー、福澤朗さんのマネージャーの野沢さんという方がいらっしゃって、親しい間柄なのでその人が来るかなと思って行きました。

池田　福澤さんは『バンキシャ！』に司会者として出ていることは、ご存知なんですね？

谷口　はい。

池田　そのマネージャーさんに挨拶をするために行ったということですね。そこにテイラーさんがいたと思うんですけど、バンキシャのスタジオにテイラーさんがいることをあなたはあらかじめ知っていましたか？

谷口　知りません。

池田　そうすると、偶然に会ったということなんですか？

谷口　はい。

池田　そこでテイラーさんに声をかけましたか？

谷口　はい。

池田　どのような目的で声をかけましたか？

谷口　お金を返して欲しいので、連絡を、弁護士さん、もしくは僕にどうして入れないのかと。

池田　具体的にどのように声をかけたのか覚えていますか？

谷口　具体的には覚えていないです。

池田　相手方、原告が言うには、あなたは日本テレビのスタジオ内でテイラーさんに対して「詐欺」「自己破産した」「金返せ」「本当のマネージャーではない」と大声で叫んだと言っていますけど、こういった事実はありますか？

谷口　生放送中なので大声を出すことはしません。

池田　そのスタジオに吉松さんもいましたか？

谷口　いたと思います。

池田　今まで日テレで吉松さんを見かけるまで吉松さんに会ったり話したりしたことはありますか？

谷口　ありません。

池田　日テレ以降、吉松さんに会ったり話したりしたことはありますか？

谷口　ありません。

池田　そうすると、日テレで吉松さんを見かけた一度だけということでよろしいですか？

谷口　はい。

池田　生放送終了後、あなたはスタジオの中で原告吉松さんに声をかけたことはありますか？

谷口　ないです。

池田　あなたはどなたかに声をかけましたか？

谷口　マットさんです。

池田　その放送終了後、あなたはマットさんに声をかけ、マットさんはどういうような行動をとりましたか？

谷口　逃げて行きました。

池田　どちらの方へ逃げて行きましたか？

谷口　スタジオから控室に……。

池田　誰の控室ですか？

谷口　出演者全員の。

池田　スタジオから出てからの吉松さんとマットさんと谷口さんの位置関係を教えてください。

谷口　吉松さんが今、裁判官がいるあたりにいて、その数メートル後に出演者以外のスタッフがいて、そのあたりに……。

池田　まず、吉松さんのすぐあとにテイラーさんがいたんですか？

谷口　二、三メートルあとに。

池田　谷口さんはテイラーさんの何メートルあとにいたんですか？

谷口　同じぐらい。

池田　そうすると、吉松さん、二、三メートルあと、テイラーさん、そのあとに谷口さんということですね。さあ、あなたはテイラーさんに対して、廊下で何か声をかけましたか？

谷口　同じように、お金返してということと……。

池田　それはテイラーさんに対して？

谷口　はい。

池田　あなたは吉松さんの控室に入って吉松さんの手をつかんで無理やり出そうとしたことはありますか？

谷口　ないです。

池田　あなたはテイラーさんにお金を返してと話していたようですが、その後、テイラーさんはお金を返してくれましたか？

谷口　……一円も返してくれません。

池田　連絡くれましたか？

谷口　ないです。

⑬

谷口元一の主尋問が続く。

池田　続いて、吉松さんのお父さんについてお話を伺います。吉松さんのお父さんに電話をしたことはありますか？

谷口　はい。

池田　電話をしたのはいつごろか覚えていますか？

谷口　正確な日時は覚えていません。

池田　吉松さんの方からその時の録音を反訳したものがあって、それによると平成二十四年六月ということなんですけど、だいたいそのぐらいで間違いないですね？

谷口　はい。

池田　吉松さんのお父さんに電話をしたのは何の目的でしたか？

谷口　マットさんからお金が返ってこないので……吉松さんから僕もしくは弁護士さんに連絡を……。

池田　マットさんにお金を返してもらおうと、そういうふうに伝言を伝えたということですね？

谷口　はい。

池田　何回ぐらい、お父さんに電話をしましたか？
谷口　二、三度。
池田　その二、三度以上に何回も何回も電話をしたり、早朝に電話をしたり、深夜に電話をしたことはありますか？
谷口　ないです。
池田　あなたは吉松さんのお父さんとの電話の中で吉松さん、もしくはその家族に対して生命・身体に危害を加えると言ったことはありますか？
谷口　ありません。
池田　はい。一番最後に先ほど、二、三度お話をしたとおっしゃっていましたが、一番最後にお話ししたのをいつの日か覚えていますか？
谷口　詳しい日時は覚えていません。
池田　はい。原告吉松さんが提出した甲三号証の一を示します。ここによると、二〇一三年の九月二十五日にお話をされています。三回目、この時、どのくらいの長さ、お父さんと話したか覚えていますか？
谷口　二、三十分。
池田　二、三十分ですか？ここに通話記録約二十八分とありますが、だいたいこのぐらいの長さ、お父さんと話されていたということでよろしいですか。さあ、その三十分間、お父さんと話している間、吉松さんのお父さんはあなたに対して恐怖を感じたり、興奮しているといったような状態でしたか、それとも淡々と話しているといった状態でしたか？
谷口　淡々と話している感じでした。
池田　三十分ほど、普通に淡々と話していたということですね。平成二十五年六月から九月まで三回ぐらいお父さんに連絡をされたということなんですけど、その間、吉松さんのお父さんはあなたに対して連絡を拒否したり、敵対的な態度をとったりということはありましたか？
谷口　ないです。
池田　そのお父さんに連絡をされたころ、あなたは吉松さんの実家、お父さんが暮らしているところに何か資料を送ったことはありますか？
谷口　あります。
池田　どういった資料を送りましたか？
谷口　私がいかにだまされたかという資料を送りました。
池田　先ほどおっしゃっていた判決でテイラーさんが谷口さんを騙したから、一〇〇〇万円払えという判決が出たので、その判決の資料を送ったということですね？

谷口　はい。
池田　なぜその資料を送ったのですか？
谷口　お父さんから求められて、その資料を……。
池田　お父さんの方から依頼されて、送ったということですね。その他にも何か送ったものはありますか？
谷口　どこの新聞かは忘れましたが、新聞記事を送りました。
池田　はい。あの甲一〇号証を示します。「ミス・インターナショナル美女に怪しい男の影」というタイトルが記載されている新聞の記事、これを送ったということですね。なぜ、「ミス・インターナショナルの美女に怪しい男の影」という新聞記事を送ったのでしょう？
谷口　マネージャーのマットさんについて書いてあるものがあれば送ってくださいと言われましたので。
池田　会話の中でお父さんから吉松さんのマネージャーのことを聞かれ、そういった記事を送ってくださいと言われて、お父さんの依頼を受けて送ったということですね。さあ、続いて、久光製薬との契約についてお話をします。原告が出したあなたと吉松さんのお父さんとの会話の中で久光製薬の中冨（博隆）社長（当時、現会長）という名前が出てきますが、どういった流れでこの中冨社長という名前が出てきたんでしょうか？
谷口　どこの誰か分からないのがいきなり電話しても信用してもらえないと思い、（吉松の出身地である）佐賀を代表する久光製薬の名前を出しました。
池田　久光製薬とあなたは何か関係があったんですか？
谷口　仕事上で過去。
池田　過去、仕事をしていた？　じゃあ、急に連絡をしても誰か分からないので、そういった佐賀を代表する会社と以前仕事をしていたという自分の身分を分かってもらいたかったということですね。さあ、久光製薬と吉松さんとの宣伝広告契約の締結を妨げる目的で久光の関係者にあなたは吉松さんやテイラーさんのゴシップネタを何か直接告げたことはありますか？
谷口　ありません。
池田　その当時、久光製薬と吉松さんは企業ＣＭの件で打ち合わせをされていたようなんですけど、そのことをあなたは知っていましたか？
谷口　いえ。
池田　中冨社長に対して、テイラーさんや原告吉松さんのことを何か話したことはありますか？
谷口　ありません。

池田　久光製薬の宣伝の担当の代理店からあなたに対して吉松さんやテイラーさんのことで何か問い合わせはありましたか？

谷口　マットさんと僕との訴訟の事実を、詐欺でだまされたっていう判決が出た、そのことを知った電話が先方からありました。

池田　先方というのは具体的には？

谷口　（電通系キャスティング会社の）ホイッスルのアマヤさん。

池田　ホイッスルのアマヤさんからテイラーさんのことについて、問われたということですね。その質問に対してあなたはどう答えましたか？

谷口　全部、だまされた状態で……。

池田　そのホイッスルの社長さん、アマヤさんから原告吉松さんのことについて何か聞かれましたか？

谷口　聞かれておりません。

池田　ホイッスルのマツシマさんという方はご存知ですか？

谷口　存知あげておりません。

⑭

池田　さあ、『週刊新潮』の記者について伺います。あなたは『週刊新潮』の記者に対して、吉松さんとテイラーさんのゴシップを書くように指示したことはありますか？

谷口　ありません。

池田　はい。あなたは『週刊新潮』の記者に対してこういった記事を書けとか、どういった記事を掲載させろという指示をする立場にありますか？

谷口　ないです。

池田　あなたは『週刊新潮』からテイラーさんのことについて取材を受けたことはありますか？

谷口　あります。

池田　はい。その記者の名前は覚えていますか？

谷口　川面《かわづら》（泰隆）さん。

池田　川面さん。乙一号証を示します。これは川面さんがあなたから取材を受けたということを書いた陳述書ですけど、この方で間違いないですね。

谷口　はい。

池田　取材された対象というのは、では、原告ではなく、テイラーさんということですか？

谷口　はい。

池田　その川面さん、記者に対して、あなたは何か資料を見せたことはありますか？

谷口　裁判資料を。

池田　裁判資料を見せたということですね。原告吉松さんが言うには、平成二十五年十二月二日に『週刊新潮』の記者が原告の出版イベントに現れたそうなんですが、このことについてあなたは何か知っていますか？

谷口　知りません。

池田　原告が言うには二十五年十二月三日、『週刊新潮』の記者がサガテレビの『吉松育美の唐津くんちに恋して』という番組の生放送に現れたようなんですけど、そのことについてあなたは何か知っていますか？

谷口　知りません。

池田　平成二十五年十一月七日、サガテレビの『かちかちワイド』といった原告が出演予定だった番組が突然、キャンセルになったようなんですが、このことについてあなたは何か知っていますか？

谷口　知りません。

池田　あなたは『週刊新潮』の記者に対して吉松さんのタレント活動を妨害するような取材活動を行うように指示したことはありますか？

谷口　ありません。

池田　あなたはテイラーさんに対して電話で「『週刊新潮』を動かすから」と言ったことはありますか？

谷口　ありません。

池田　覚えてますか？

谷口　覚えてません。

池田　はい。さあ、続いてミス・インターナショナルのことについて伺います。あなたは（ミス・インターナショナルの大会を運営する）国際文化協会の関係者に対して吉松さんをミス・インターナショナルの国際大会に出場させないよう働きかけたことはありますか？

谷口　ありません。

池田　あなたは国際文化協会の関係者と会ったことはありますか？

谷口　（ミス・インターナショナルの）メインスポンサーのミスパリの平山さんと会いました。

池田　国際文化協会の人間ではなく、そのメインスポンサーであったミスパリという会社の平山さんとお会いになったということですね。平山さんとはもとからの知り合いですか？
谷口　弊社関連タレントのイベント主催会社の人間が仕事をして……。
池田　そうすると、御社のタレントさんがミスパリという会社と仕事をしていたということですね。あなた自身は平山さん個人と会ったことがありますか？
谷口　ないです。
池田　今回の件で、国際文化協会の関係者である平山さんとお会いしたことはありますか？
谷口　はい。
池田　はい。その時にどういったことをお話しされましたか？
谷口　以前から……『週刊新潮』から僕のところに取材依頼があったので、もし、それを受けるとするとご迷惑をかけるかもしれないという……。
池田　先ほど言ったようにテイラーさんのことについて取材があったと、なので、もしかすると、いろんな名前が出てご迷惑をおかけするかもしれないというお話をされたということですね？
谷口　はい。
池田　あなたと平山さんとの会話の中で原告吉松さんがミス・インターナショナル世界大会に出場するかどうかそういうことについて話し合ったことはありますか？
谷口　ありません。
池田　そもそもあなたはミス・インターナショナル世界大会がいつ開かれるか知っていましたか？
谷口　知りません。
池田　あなたが調査会社に依頼したマット・テイラーさんの住所を調べてくれと（中略）当時、マットさんの動産執行をしようとしたけれども、住所が分からなかった、だから、その住所を調べてくれということで調査をしたということですね。
谷口　はい。
池田　マットさんを調査したのは、一度だけですか？
谷口　二度です。
池田　はい。なぜ二回も調査をされたのですか？
谷口　弁護士さんからこれだけの資料では裁判所が首を振らないということだったので、もう一度……。
池田　はい。その時の資料を示します。乙三号証と四号証。二回目の調査を行ったのがこちらですね。で、一回目で特定された家にマットさんが出入りしているということですね。さあ、調査の結果、動産執行は行われましたか？

谷口　はい。

池田　あなたはテイラーさんの家に原告吉松さんも一緒にいるということを初めから知っていましたか？

谷口　知りませんでした。

池田　いつ知りましたか？

谷口　調査報告書の段階で。

池田　この調査報告書にその目的となっている家にテイラーさんのほかに原告吉松さんも一緒に写っていたということで知ったということですね。あなたは調査会社にそれでは初めから原告吉松さんに嫌がらせをするように指示をして二人を調査させたということはありますか？

谷口　ないです。

池田　今、調査が二回行われたと言って、その日付が平成二十五年八月二十九日と九月三十日。このことについてお話ししましたが、これとは別に平成二十五年九月六日に原告が言うには、男性一人が原告の住居周辺をウロウロしていたと言っていますが、そのことについてあなたは何か知っていますか？

谷口　知りません。

⑮

池田　さあ、原告の行為によってあなたが名誉を傷つけられたかということについてお伺いします。原告吉松さんは外国人記者クラブの記者会見、吉松さんのブログ、吉松さんのフェイスブックであなたが吉松さんに対して吉松さんの業務を妨害した、脅迫をした、ストーカー行為をしたというふうに言っていますが、あなたはこれらの行為を行いましたか？

谷口　知りません。

池田　吉松さんを脅迫したことはありましたか？

谷口　ありません。

池田　ストーカー行為を行ったことはありますか？

谷口　ありません。

池田　あなたは吉松さんはあなたが何人もの女性を殺した、死に追いやったというふうに言われているというふうに言っていますが、そういった事実はありますか？

谷口　ありません。

池田　はい。私からは以上です。

角地山　弁護士の角地山から質問させていただきます。先ほどあなたが何人かの女性を殺したというふうなことはないとおっしゃいましたが、何かこの件で警察から調べられたこととか、逮捕されたことはありませんか？

谷口　ありません。

角地山　私からは以上です。

◆戸田泉弁護士からの尋問

戸田　弁護士の戸田の方からお伺いします。あなたがインターネット上で人を殺したとか書かれたりしていることはご存知ですか？

谷口　はい。

戸田　それはいつぐらいから始まったんでしょうか？

谷口　まあ、ちょっと覚えていませんが、最近の話ですね。

戸田　何でそのような話が始まったと思いますか？

谷口　マット・テイラーさんとの裁判をしたからだと思います。

戸田　それ以前からそういうことは、どこにも書いていなかったということですか？

谷口　はい。

戸田　ちょっとお伺いしますが、そこで亡くなった川田亜子さんはご存知ですね？　あなたとの関係はどういうものでしたか？

谷口　弊社の所属タレントでした。

戸田　どういう原因でお亡くなりになったのですか？

谷口　自殺で……。

戸田　川田さんとあなたとは、何かいさかいとかあったということはないんですか？

谷口　ないです。

戸田　以上です。

◆吉松側代理人西川洋司弁護士による谷口への反対尋問

続いて、吉松側代理人西川洋司弁護士からの反対尋問に移った。

西川洋　被告代理人の西川洋司です。形式的な確認なんですけども、反訴状の住所と陳述書の住所が違うようなんですけど、引っ越されたとか、住民票上の住所が違うとか？

谷口　引っ越しました。

西川洋　今、陳述書の住所が正しいと？

谷口　はい。

西川洋　十二月三十日の『バンキシャ！』のスタジオの件なんですが、叫んだりしたということはない？

谷口　ないです。

西川洋　叫んでなくとも大きな声になったとかは？

谷口　ないです。

西川洋　番組スタッフに迷惑をかけたということはない？

谷口　ないです。

西川洋　番組スタッフから何か言われたということもない？

谷口　ないです。

西川洋　まったくない？

谷口　ないです。

西川洋　お金返せとか、放送中のスタジオでしゃべったことはないですか？

谷口　ないです。

西川洋　いい加減なことをすんなとか言ったこともない？

谷口　ないです。

西川洋　吉松さんが控室に入っていったところなんですけど、吉松さんが悲鳴を上げたのは聞いていますか？

谷口　聞いてないです。

西川洋　聞いてない？　このスタジオの中でテイラーさんに話しかけたことは間違いない？

谷口　はい。

西川洋　このスタジオに行く前に吉松さんがいるかというふうに誰かに問い合わせたこともない？

谷口　ないです。

西川洋　一切ない？

谷口　ないです。

西川洋　テイラーさんとの債権関係、あなたの方から破産の申立をしたことは間違いない？

谷口　はい。

西川洋　この十二月三十日の後、年明けすぐにこの破産の関係で裁判所で話をすることになっていたということは認識はしています？

谷口　よく覚えておりません。

西川洋　一月九日に破産の関係期日が入っていた。そこで話を進めるという話になっていなかったんですか？

谷口　詳しい日時までは覚えておりません。

西川洋　日時はともかく、その頃、破産手続きで債権をどうやって話をするか、っていう話をすることは分かっていましたか？

谷口　はい。

西川洋　そうすると、そこでテイラーさんと対面して返済の方をどうするのかっていうような話ができるということは分かっていた？

谷口　分かっていません。

西川洋　分かってない？　あなた、何のために破産の申立をしたんですか？

谷口　お金を返してもらうため。

西川洋　破産で最終的に免責になった場合、逆でしょ？　返ってこないという可能性もあるかと思いますけど、それは分かっていた？

谷口　分かっていません。

西川洋　代理人からそういう説明は受けてますか？

谷口　覚えておりません。

西川洋　免責っていう手続きが破産の場合、ありうるよと、そしたら、かえって可能性っていうのはむしろ免責になってしまってゼロになってしまうという話を聞いた記憶はまったくない？

角地山　異議あり。重複です。

西川洋　回答がはっきりしないんで。まったく聞いたことがない？

谷口　覚えておりません。

西川洋　乙五五号証を示します。入館証の写真ですけど、これは当時、十二月三十日当時にこの入館証を使って日テレの方に入ったということですか？

谷口　はい。

西川洋　これと同じものですか？

谷口　更新されるので、毎年、更新します。

西川洋　これは建物に入れる入構証ということですか？

谷口　私どもは名門プロですので、どのスタジオでもフリーで入れるものを控えております。

⑯

西川洋　当時、この『バンキシャ！』の出演者にあなたが関係する所属タレントが出演したということはありますか？
谷口　直接の所属のタレントはいません。
西川洋　吉松さんのお父さんに電話をしたことはあるんですね？
谷口　はい。
西川洋　この電話番号はどうやって知ったんですか？
谷口　一〇四で。
西川洋　一〇四ですか。自宅の電話を調べたんですか？
谷口　はい。
西川洋　携帯電話番号はどうやって知りましたか？
谷口　一度目の電話で留守番電話だったんで、先方から折り返し、先ほどお電話をいただいたんで、その時の……。
西川洋　住所などはどうやって知ったんですか？
谷口　その時にお父さんからの説明で。
西川洋　あなた個人がテイラーさんに対して債権を持っている？
谷口　はい。
西川洋　吉松さんに対しては債権は？
谷口　ないです。
西川洋　吉松さんのお父さんにもしくはお母さん、ご家族に対して債権がある？
谷口　ないです。
西川洋　テイラーさんに対して債権を返せということであれば、テイラーさんに対して言えばいいんじゃないですか？
谷口　何度も言いました。
西川洋　電話ではつながってるわけなんですね？
谷口　出てもすぐ切られます。
西川洋　でも、話はしている？
谷口　途中からはもう出なくなりました。
西川洋　あなた、他の方に対してお金を貸したこととか、返してもらわなくちゃいけない人とか過去にこれまでにありましたか？その時に……。
角地山　本件とは関係のない質問です。
西川洋　要は債権者以外に電話がかかっているということを聞きたいんです。その関係で借りている人本人以外に電話をしたことは？

谷口　ないです。

西川洋　吉松さんもう完全に明らかに成人の方なので、未成年者から両親に連絡するというのならともかく、吉松さん自身、債務者じゃないのにそのご両親に連絡をとるというのは、ちょっと異常というふうに思われないかということは考えなかった？

谷口　考えてないです。

西川洋　考えてない？　あなたにとっては別に普通のことだった？

谷口　金額が大きいから。

西川洋　吉松さんのお父さんに連絡をとったら、金額が大きくても、返ってくる可能性が高まってくるから？

谷口　返ってくるとは言ってません。

西川洋　じゃ、そもそも何のために電話をかけたんですか？

谷口　私もしくは弁護士に連絡を入れるようにマットさんに説得してもらうように伝言をお願いしたということです。

西川洋　じゃあ、会社の人に連絡する、伝言するでも十分だったじゃないですか。

谷口　会社にも電話をしました。

西川洋　吉松さんのお父さんに連絡したら折り返しの電話が来る可能性が高くなると考えたんですか？

谷口　伝言をお願いしたわけ。

西川洋　通常の債権者の場合、債務者でもない人の、しかも親族に折り返しの電話をしろというふうなことは未成年者でもないのに、通常ないと思うんですけど。そこはおかしいとは思わなかった？

谷口　自己破産申立の中でＩＹグローバルという会社でマットさんへの年間報酬（の差し押さえ）を申し立てたので、その代表である吉松さんとうまくお父さんから話し合いで……。

西川洋　吉松さんのお父さんに判決文やスキャンダルのスポーツ紙とかの記事を送りつけた目的はなんですか？

谷口　こういうものがあったら送っていただけますかというお願いをされたので、送りました。

西川洋　あなた、送ったら、一〇〇〇万円返ってくることにつながると思ったんですか？

谷口　あくまでも弁護士に連絡をして……伝言をお願いしただけです。

西川洋　それを送ると伝言してくれる可能性が高くなるというふうに思ったんですか？

谷口　僕はお願いされたから、送っただけです。

西川洋　それを送ったら、たとえば吉松さんがテイラーさんをエージェントからクビにしちゃうとかっていうふうには考えなかったですか？

谷口　考えておりません。

西川洋　まったく考えてない？　資料を送るかどうかだけでなく、吉松さんのお父さんに判決の話をして、吉松さんのお父さんがあなたの話をですね、本当にそうなのかと思った時にテイラーさんをクビにしてしまうということは考えられない？

角地山　異議あり。先ほどの質問と重複しております。

西川洋　あなた、お父様に対して、なぜ電話をしてくるんですかと聞かれたことはありますか？

谷口　覚えておりません。

西川洋　覚えてない？「（吉松の父親の携帯番号を谷口が知っていることについて）この時代、調べる方法はいくらでもあるんですよ」みたいなことを答えたことはありますか？

谷口　覚えていません。

西川洋　久光製薬のことについて伺いますが、久光製薬の社長さんとあなた面識があった？　今の会長さんと面識があった？

谷口　はい。

西川洋　その会長さんの息子さんと面識がありますか？　親しい関係にあるんですか？　プライベートでの付き合いはない？

谷口　ないです。

西川洋　今回の件で吉松さんのお父さんに対して久光の名前を挙げたのは、自分の身分を知らせるため？

谷口　はい。

西川洋　あなた他の地方の人と連絡するときもそういう会社名を挙げたりすることもある？

谷口　……佐賀県の鳥栖《とす》を代表する会社なので名前を出しました。

西川洋　今回だけ？

谷口　はい。

西川洋　他の人にはやったことはない？

谷口　そうですね。

西川洋　久光の会長さん、社長さんとは仕事の付き合いだけということですか？

谷口　はい。

西川洋　（ケイダッシュ所属タレントの）高橋克典さんと市

長の選挙の応援に行ったというのは事実なんですか？

谷口　あくまでも仕事としてのお願いをされたので。

西川洋　市長の方から仕事として……。

角地山　異議あり。本件と関係ないことです。

西川洋　これは建物に入れる入構証ということですか？

谷口　私どもは名門プロですので、どのスタジオでもフリーで入れるものを控えております。

〈公職選挙法上、選挙運動は、基本的にボランティアによって行われるべきだとされ、特定の候補者を当選させるために、選挙運動者に対して、金銭や何らかの財産上の利益を供与すると、三年以下の懲役若しくは禁錮又は五〇万円以下の罰金に処せられることになっているが、谷口の言うように「仕事としてお願いされた」のであれば報酬が発生したということなのだろうか？〉

⑰

西川洋　谷口さんは芸能界に携われて何年ぐらいなんですか？

谷口　二十五年ぐらいですかね。

西川洋　そうすると、当然、タレントのマネジメントとか芸能界の動きというのはお詳しいわけですね。

谷口　詳しいかどうか分かりませんが、今まで働いております。

西川洋　パールダッシュの社長を務められていることは間違いない？

谷口　はい。

西川洋　パールダッシュやケイダッシュの所属タレントに関して、スキャンダル記事が出たことは過去にありますか？

角地山　本件と関係がありません。

西川洋　スキャンダル記事に関する、スキャンダル記事一般的な影響に対する認識を聞きたい。出たことはありますか？　あなたの事務所の所属タレントの方が週刊誌やスポーツ紙にスキャンダル記事を載せられたことはありますか？

谷口　どこまでがスキャンダルでどこまでが報道なのかが判断しかねないです。

西川洋　スキャンダルかどうかはともかく、そういった記事で所属タレントさんの仕事に影響が出たということはありますか？

谷口　ないと思います。

西川洋　まったくない？　ここの会社に所属するタレントさんで、新聞記事や週刊誌の記事で……。

角地山　異議あり。本件と関係のないことです。

西川洋　（スキャンダル）記事とかで仕事が減ったタレントさんとかがいるっていうのを見たり、聞いたりしたことはないんですか？

谷口　ありません。

西川洋　まったくないんですか？

谷口　私どもマネージメントする者に関しては、仕事の上下は自分たちの実力だと思っておりますので、周辺のマスコミに左右されないようなマネージメントをしておりますので、そのような認識はありません。

西川洋　あなたの所属タレントは、そうかもしれないし、あなたのところの会社は立派な事務所なのかもしれませんけども、そうでもないような事務所とかの所属タレントさんで、（スキャンダル記事の影響で）仕事が減ってるのを見たっていうことを二十五年の経験でないですか？

谷口　仕事が増えるか減るかというのは誰が判断するか分かりません。私どもは自分たちのプロデュースした、事務所のタレントの人間だけを気にかけます。

西川洋　あなた（調査会社の）ＰＳＣという会社はご存知ですね？

角地山　異議あり。本件と関係のない質問です。

西川洋　こういう調査をどれくらいされているのかを聞きたかった。あなたのご主張でテイラーさんの住所を調べるという動きでＰＳＣという会社に調査依頼をかけたということは間違いない？

谷口　はい。

西川洋　あなたの方から直接調査依頼をしたということで間違いない？

谷口　弁護士さんと相談してその会社を紹介してもらいました。

西川洋　弁護士の紹介でということで？　そうすると、今回、この会社に依頼をしたのは初めて？

谷口　はい。

西川洋　過去に調査会社に依頼をしたことはない？

谷口　ありません。

西川洋　調査報告書はご覧になりましたか？

谷口　見ましたが、隅から隅までは見てないです。その、ちょっと見ただけで。

西川洋　その調査報告の原本は今、どこにありますか？

谷口　分かりません。

西川洋　代理人に預けている？

谷口　はい。

西川洋　甲三三号証を示します。三ページ目の次が五ページになっているんですが、あなた四ページ目を見たことありますか？

谷口　覚えてないです。

西川洋　覚えてない？　執行事件でテイラーさんの住所を調べたものとして提出された記録でも四ページ目が抜けているんですけれども、それはまったく知らない？

谷口　間違ってこれ……。

西川洋　『週刊新潮』の記事では、この抜けているページのところが居酒屋に入っている内容として入ってるんですけど、『週刊新潮』の記者がこの調査報告書を見たっていうことはないですか？

谷口　あの、すべて集めたものを、何が入っていたか覚えてません……。

西川洋　代理人から調査報告書のコピーはもらっている？　今の調査会社の報告書のコピーはあなた持っている？

谷口　持ってないです。

西川洋　動産執行を依頼したということは、間違いないですね？

谷口　はい。

西川洋　動産執行はよほど高額な品物か、多額な何百万単位の現金とかがない限りは、執行としてはほとんど意味がないという説明は聞いたことはありますか？

谷口　ないです。

西川洋　何かテーラーさんは動産で多額の金塊だとか札束だとか絵画だとかそういうものを持っているっていうのは聞いたことがあるんですか？

谷口　私どもから詐欺でお金を取るぐらいだから、膨大なお金をプールしているんじゃないかとは思っていました。

西川洋　具体的に何かあるっていう情報は持っているわけですか？

谷口　ありません。

西川洋　と、今の話はあなたの想像ということですね？

谷口　でも、お金が返ってこないので。

西川洋　代理人から動産執行は費用ばかりかかって回収は難しいですよという説明を聞いたこともないですか？

谷口　ないです。

西川洋　甲三五号証を示します。今の調査した日のレンタカー特約記録なんですけど、その証拠をあなたは代理人から見せてもらったことはありますか？

谷口　覚えていません。

西川洋　まったく覚えてない？　この証拠が出て、テイラーさんは調査報告書と違って、もっと早い時間に家を出ているという主張を吉松さんの方からしているということは聞いたことがありますか？

谷口　知りません。

西川洋　何も知らないんですか？

谷口　はい。

西川洋　どういう主張をされているのかということも知らないんですか？　調査報告書の内容が本当かどうかっていうのを問題になっているというのを裁判でそこが主張が対立しているというところは何も聞いていない？

谷口　まったく興味がありません。……裁判所の執行官が動産執行を行ったという認識をしておりますので、細かい経緯はまったく気にしておりません。

西川洋　ただ、本件の訴訟でそこが問題になったというのも聞いてもいないんですか？

谷口　気にしていません。

西川洋　聞いてはいるけど、気にしてないんですか？

谷口　覚えておりません。

西川洋　調査会社に九時までテイラーさんが帰らなかったのが事実だったとか、そういう内容が正しかったかどうか確認したということもないわけですね？

谷口　ありません。

⑱

西川洋　あなたのパールダッシュという会社に小泉麻耶さんという方が所属していたということは間違いないですか？

谷口　所属しておりません。

西川洋　かつて、所属していたことはありますか？

角地山　異議あり。関連性のない質問です。

西川洋　似たような事件の報道があったので、それが事実かどうかを。質問を変えます。甲四一号証を示します。阿部慎之助さんと小泉麻耶さんの記事が『週刊文春』に載ったことは知っていますか？　ここに出てくる小泉麻耶さんがかつてパールダッシュの仕事をしていたことがあるということは間違いない？

〈プロ野球の読売ジャイアンツの主将（当時）、阿部慎之助とアイドル女優・小泉麻耶の不倫疑惑を報じた『週刊文春』（二〇一四年十一月六日号）で、小泉が元所属事務所幹部から性行為を迫られ、神奈川県内の警察署に被害届を提出していたと指摘していた〉

谷口　所属しておりません。

西川洋　今していないのか、過去も一度もしていないのか？

谷口　パールダッシュには所属していません。

西川洋　ケイダッシュには所属している？

谷口　所属しておりません。

西川洋　一度もしてない？

谷口　はい。

西川洋　ケイダッシュが出資するグループ会社には所属しているということはない？

谷口　過去にグループ会社のどこかは覚えていませんが、所属していたことはあると思います。

尋問する弁護士が西川紀男に交替した。

西川紀　谷口さんね、冒頭に、あのマット・テイラーさんとの裁判があったと、それで勝負したとおっしゃいましたね。間違ったら、堪忍してください。それ、きちんと証人申請した人が全部、証人となることを拒否したんですが、そのことと谷口さんとは関係ないんですか。もっと聞きましょうか。圧力かけて降ろしたということはないですか？
谷口　本当にないです。
西川紀　ない？　あ、そうですか？　あの、谷口さんはね、先ほど、吉松育美さんの腕をつかんではないというふうにおっしゃいましたかね。否定していた。
谷口　はい。
西川紀　そうですか？　間違いない？
谷口　はい。
西川紀　吉松さんは、「何をすんのよ。キャー」と言って、声を上げたということをおっしゃいましたが、あなたはそういう声も聞いてないですか？
谷口　聞いてません。
西川紀　あなたが吉松さんに対して新しいマネージャーを付けるからという趣旨の発言をしたことはありますか？
谷口　ありません。
西川紀　ない？　ないんですか？
谷口　ありません。
西川紀　ほう。元ＴＢＳのアナウンサーの川田亜子さん。この方が自殺したという話を吉松さんのお父さんにしたことはありますか？
谷口　覚えてないです。
西川紀　覚えてない？　ほう。谷口さんね、自殺したのは練炭だっていうけど、この練炭を前日、買ってこいと言ったのはあなたではないんですか？
谷口　ないです。
西川紀　あの、久光製薬でおじいさん同士が親友だということを久光製薬の問題ですけどね、おじいさん同士が親友だということは、あるんですか？　あなたのおじいさんと久光の会長ですね。これはどうですか？
谷口　うちの祖父はもう三年ぐらい前に死んでいます。
西川紀　いつでもいいです。親友であったことはあるんですか。
谷口　覚えてないです。
西川紀　国際文化協会の話で谷口さんが上の方にね、上というのはミスパリらしいんだけども、ガンガン電話しているというような議事録があるんだけれども、そういう事実もないんですか？　先ほど全部否定しているから。ないということになるんでしょうけども、ないんですね？　確認しますけど。
谷口　はい。
西川紀　私、分かりにくいから、もう一回聞かせてください。何で吉松さんのね、実家のご両親にまでこの電話をする必要があったんですか? もう一回聞かせてください。

角地山　異議あり。異議あり。

西川紀　異議じゃない。もう一回聞かせてください。

裁判官　あともう一回聞きましょう。申し訳ないですけど、重複尋問ばかりなので。時間があるからといって、最後までやる必要ないですから。

西川紀　はい。承知しております。どうですか?

谷口　伝言をお願いしただけです。

西川紀　谷口さんね、これは意見になるかもしれないけど、まだ異議が出るから、私、話最後にしますけどね。吉松さんは一生懸命やっとこさミス・ワールド、ミス・インターナショナルの王冠を獲ったわけですよ。あなたのような権力のある方がなぜここまで追い詰めるのか。かわいそうじゃないですか。

角地山　異議あり。

西川紀　分かってます。異議ありますか。終わります。

⑲

西川洋　吉松さんのお父さんに対して、「娘さんの目の前に現れないといけないことになりますよ」みたいな話をしたことはありますか? 電話もしくはメールで。

谷口　ありません。

西川洋　「勝手にやらせてもらいます」と伝えたこともありますか?

谷口　動産執行をしていただくことを伝えたと認識しております。

西川洋　動産執行はテイラーさんに対してやろうと思ってたんじゃないですか? 吉松さんに対してやろうと思ってたんですか?

谷口　調査報告書の中で同居しているという報告が上がったので、そう思いました。

西川洋　平成二十五年の十一月五日にテイラーさんに電話をしたことは覚えていますか?

谷口　覚えていません。

西川洋　『週刊新潮』が出る何日か前に電話をしたことはありますか? あの『週刊新潮』を動かすからと、あなたの質問がさっきの答えとちょっとはっきり分からなかったので、ちょっと重複して恐縮ですけども、『週刊新潮』を動かすからと言ったことはあるんですか?

谷口　ありません。

西川洋　覚えてないんですか?

谷口　言ってません。

西川洋　『週刊新潮』という名前をテイラーさんとの電話の間で言ったこともないんですか?

谷口　知りません。

西川洋　挙げてもない?

谷口　覚えておりません。

西川洋　言ってないんですか?覚えてないんですか?

谷口　覚えておりません。

西川洋　では、先ほどの言ってないっていうのも覚えてない?

谷口　詳しく内容は覚えておりませんが『週刊新潮』の取材を先方から何度も依頼があったので、『週刊新潮』なのか週刊誌の名前を言ったかもしれませんが、覚えておりません。

西川洋　あなたを『週刊新潮』の記者があなたを取材している時に吉松さんの名前を挙げているんですか?

谷口　挙げておりません。

西川洋　挙げてない?じゃ、吉松さんや文化協会に迷惑がかかるかもしれないというのは、あなたの判断?

谷口　あの、先程も申し上げたように、弊社が、メインスポンサーの弊社関連運営事業会社、弊社関連所属タレントは、ミスパリと契約をしておりますので、そのことを全体的なことを言われて、話したと思っています。

西川洋　確認すると、『新潮』の記者は吉松さんのことをあなたに聞いてないですね?

谷口　はい。

尋問する弁護士が谷口側の池田弁護士に交替した。

池田　被告代理人池田の方から質問します。日テレの件についてお伺いします。先ほど、入構証を持って日テレの館内に入ったと。おそらくいっぱいスタジオがあるんだと思うんですけど、ここのスタジオで『バンキシャ!』が収録されているというのはどうやったら分かるんですか?

谷口　一般的にタレントクロークというところがありまして、そこに行くと、何の仕事や何会場というふうに書いてありまして、そこに受付の女性がおりまして、これはどこのスタジオでやっているの？と聞くと、教えてくれますので、「福澤（朗）さんどこのスタジオにいるの？」と聞くと教えてくれます。

池田　『バンキシャ！』の司会は誰ですか？

谷口　福澤朗です。

池田　そうすると、あなたは日程表みたいなのでどこのスタジオで『バンキシャ！』が生放送しているのかを知って、その司会が福澤さんだったので、マネージャーの野沢さんに挨拶しにスタジオに行ったのですね？続いて話は変わりますけども、あなたは先程、被告のマットさんがお金を返してくれないということで被告の会社に電話をしたとおっしゃっていましたけど、被告の会社に電話をしたんですか？

谷口　はい。

池田　どなたが出られましたか？電話したというのは被告の会社の従業員ですか？

谷口　従業員じゃないと思います。

池田　どういう？

谷口　レンタルオフィスなので、コールセンターの女性だと思います。

池田　伝言板と書いてあったんですか？その女性、電話番の女性に対して何か、伝言か何かされたんですか？

谷口　弁護士か私に連絡をくださいと伝言をしました。

池田　その伝言の結果、マットさんから連絡はありましたか？

谷口　ありません。

池田　あなたはその当時、マットさんがＩＹグローバルのエージェントだということはご存知なんですね？で、先ほど言われたようにマットさんと連絡が取れなかったから、被告の実家、お父さんにマットさんと連絡を取るように吉松さんにお願いしてくださいということを伝えたということですね？

谷口　はい。

池田　私からは以上です。

⑳

戸田　代理人の戸田から、ご質問します。あなたは吉松さんのマネージメントをしたいと思ったことはありますか?

谷口　まったくありません。

戸田　なぜ、マネージメントをしたいとは思わなかったのですか?

谷口　売れると思わなかったので。

戸田　あと、まあ、あなたは吉松さんが可哀想だと先ほど、原告代理人からありましたが、吉松さんに嫌がらせをしたり、何か妨害行為をしようと思ったことはありますか?

谷口　まったくありません。

戸田　以上です。

◆裁判官による谷口への質問

これより裁判官による谷口への質問が始まる。

裁判官　裁判官のトモベからお聞きします。先ほど、主尋問の中で久光製薬との契約の件について、あなたの方から久光製薬に対してゴシップのようなものを言ったことはないけれども、(広告)代理店のホイッスルからテイラーさんとの件について問い合わせがあったので、それについては回答したということだったんですけど、その時期っていつごろか分かりますか?

谷口　詳しい日時は、覚えてないですね。

裁判官　そしたら、あなたが吉松さんのお父さんに電話をかけた時期が平成二十五年の六月ごろなんですけど、それとの前後関係は覚えてないですか?

谷口　それよりずいぶん前ですね。

裁判官　ということは、あなたは先ほど、主尋問の中で吉松さんのお父さんに電話をかけた理由としてテイラーさんとの件で吉松さんがテイラーさんと親しい間柄だったから、吉松さんのお父さんにかければ連絡がつながるかもしれないから、かけたんだとおっしゃっていたんですけど、そういうふうに思って電話をかけようと思ったのはそのホイッスルからの問い合わせに答えた後ということ?

谷口　あのＩＹグローバルに電話した後。動産執行をする時に……そこにいらっしゃる西川弁護士さんから、年間ＩＹグローバルからマット・テイラーさんに対して、年間二〇〇〇万円支払っているという証明書面が送られてきたので、ＩＹグローバルの代表者である吉松さんにマネージャーである……会社なので、伝言をお願いした。

裁判官　裁判官の野中です。私の方からも一点だけ確認させてください。吉松さんの実家に連絡する際、代理人に相談されましたか？

谷口　してません。

裁判官　債権回収については代理人といろいろ相談して進めていたのではないですか？

谷口　そうですね。

裁判官　何で相談しなかったんですか？

谷口　……。

裁判官　動産執行という方法があるということはご存知だったんですか？

谷口　弁護士に友達が多いので、お金返ってこないんだよねと言ったら、動産執行というのがあるよと。

裁判官　動産執行はどんな方法だというふうに思っていますか？

谷口　財産を差し押さえる方法。

裁判官　そうすると、動産執行という方法があるんだねということをこちらの被告代理人の方に被告自身から提案したということですか？　動産執行という方法があるんだと聞いてそれをやってくれないかということを被告代理人に依頼したということでいいですか？

谷口　はい。

裁判官　被告代理人は動産執行についてどんなふうな説明をされたんですか？

谷口　財産を差し押さえる。まあ、詳しくは言えませんが、財産を差し押さえるということをやってくれると言っていました。

裁判官　何を相談したんですか？　こちらに三人いる弁護士のうち一人に相談したんですか？

谷口　はい。

裁判官　誰に相談したんですか？　池田弁護士ですか？

谷口　はい。

裁判官　池田弁護士に動産執行という方法があるんだよと相談して、池田弁護士は何と答えたんですか？

谷口　覚えておりません。

裁判官　覚えていない？　あの調査費用ね、かけてやるだけの価値があるということは説明してくれたんですか？

谷口　それなりの資産があるんじゃないかと僕が思っていたので。

裁判官　いや、池田弁護士は谷口さんにどういう説明をしたかと聞いているんです。

谷口　あまり詳しい……。

裁判官　費用がかかりますよという説明はなかったですか？

谷口　費用はもちろんあの調べたので……。

裁判官　いやいや、費用が調査会社に頼んだ費用の分が高くなって結局何も取れないことがあるのではないかという説明は受けてないんですか？

谷口　あ、はい。

以上で吉松育美対谷口元一裁判の証人尋問は終了した。

追　記：

通常、裁判は証人尋問を経てその結果を踏まえた最終準備書面を原告、被告の双方が提出し、弁論終結となる。吉松対谷口裁判も証人尋問が終わり、判決が言い渡されるのを待つばかりだったはずだが、尋問から約半年後、裁判は意外な形で終結した。

二〇一六年二月十日、吉松が自身のブログで谷口に対する謝罪文を掲載し、和解に至ったことを明らかにしたのだった。

謝罪文の内容は次のとおりだ。

「私、吉松育美は、私が管理するブログ及びＦａｃｅｂｏｏｋ本文において、

①谷口元一氏（以下「谷口氏」と言います。）から、日本テレビ放送網株式会社内において暴行を働いたこと、

②谷口氏が、私のスポンサー候補企業に対して圧力をかけて業務を妨害したこと、

③谷口氏が私の家族に連絡をして脅迫した事、

④谷口氏が、ミス・インターナショナルの主催者に連絡をして私が世界大会に出席できないよう働きかけたこと、

⑤谷口氏が、私のスキャンダルを徒らに公表するため

に、私の自宅兼事務所を調査会社に調査させたこと、
⑥谷口氏は裁判所に対して虚偽の報告をして執行官に
　私の住居兼事務所内で動産執行を行わせたこと、
⑦谷口氏が、雑誌週刊新潮に私を誹謗中傷する内容の
　記事を掲載させたこと、
⑧谷口氏が、川田亜子氏の自殺に関与したこと、
という内容の記事を掲載し、また外国人記者クラブに
おける記者会見においても同様の発言をし、更にCBS
ラジオでは『谷口氏は過去に何人も女性を殺しまた自殺
に追いやったそうです。』と発言しましたが、これらの
記事および発言は全て撤回し、これらの記事及び発言に
ついては自分に非があることを認めます。
　これらの記事及び発言によって谷口氏の名誉を棄損し
多大なご迷惑をおかけしましたこと深くお詫び申し上げ
ます」

　証人尋問の様子を見る限り、吉松が谷口による妨害行為を完全に立証できたかと言えば、疑問符が付いた。物証や証言が不足していたように思う。逆に吉松がCBSラジオで谷口が過去に殺人を犯したことがあると語り、谷口から反訴されていたが、吉松は谷口が殺人を犯した事実を立証できたとも思えない。裁判は吉松にとって不利な形勢だったはずだ。

　しかし、吉松は、日本外国特派員協会で芸能界の実力者である谷口を公然と告発し、裁判まで起こした。谷口からも反訴されたが、証人尋問での吉松は徹底抗戦の構えを崩していなかった。また、首相夫人である安倍昭恵とともに「ＳＴＡＬＫＥＲ　ＺＥＲＯ～被害者が守られる社会へ～」という活動を展開し、一三万人もの署名を集めていた。そんな彼女がなぜ、自ら谷口に全面的に謝罪し、和解をしなければならないのか。あまりに不可解な幕切れだった。

　ネットメディアの『ビジネスジャーナル』の取材に対し、吉松は次のようなコメントを寄せていた。
「和解をしてしまった以上、和解のことに関して、私の口から一切お話ができないので心苦しいですが、ご理解いただきたいと思います。ただ、『事実無根』というようなことは、私からは一切言っていません（後略）」
　当時、この裁判を取材をしていた私は、複数の関係者から次のような説明を受けていた。
「吉松さんとエージェントのマット・テイラーとの間には、交際しているとかいうレベルではない、ある重大な

問題があった。これを嗅ぎつけた谷口は、ケイダッシュの顧問で警察OBのFという男を使い、謝罪文を公表して和解をするよう吉松さんに迫った。その問題が公表されることを恐れた吉松さんは、和解に応じざるを得なくなった」

和解はやむをえなかったとしても、多くの人の協力を得た上で自分のキャリアまで犠牲にした吉松の告発があのような形で終わったことは残念である。

吉松がミス・インターナショナルのグランプリを受賞したのは、日本人として初の快挙だった。その後、事務所を移籍したりせず、あるいはバーニングの傘下に入っていれば、日本の芸能界でそれなりの活躍をしていたはずだ。

現在、吉松は目立った芸能活動をしていないようにも見えるが、「谷口に歯向かっていなければ……」などと言われぬよう今後の奮起に期待したい。

おわりに

このところ、SMAPやのん（能年玲奈）、ローラなど芸能事務所とタレントの間で頻発する独立・移籍騒動が社会問題化している。二〇一八年二月には公正取引委員会もこの問題に着目し、芸能界で広く行われている事務所間の移籍制限が独占禁止法上の問題になりうることを指摘する報告書を公表した。

そんな中、『週刊文春』（二〇一八年六月二十八日号）が一〇年の段階で人気アイドルグループNMB48のメンバーが所属事務所と事務所を離れてから二年間、いかなるかたちでも芸能活動を行うことができないという内容の契約を結んでいたことを報じている。

『週刊文春』の取材に対し、吉本興業側は「今年三月に入った子たちの契約にはその条項がありませんし、相談があれば、それ以前のメンバーも二年縛りをなくしていきます」と回答していた。吉本興業側が契約から「二年縛り」条項を外した背景には、その直前に公表された公取委の報告書の存在が絡んでいそうだ。

とはいえ、これまで続いてきたタレントの移籍制限や独立したタレントへの嫌がらせがただちになくなるとも思えない。芸能事務所や芸能事務所と結託したメディアによる独立したタレントに対する嫌がらせは裏で行われるものであり、すべて白日のもとにさらすのは容易ではない。

公取委の見解に対して芸能事務所側が抵抗するのは、「芸能事務所はタレントに投資をしている」という主張があるからであろう。ところが、本書で紹介したように芸能ビジネスの本場であるハリウッドでは、日本の芸能事務所にあたるタレント・エージェンシーは、俳優に投資をしていない。俳優志望者は自腹でレッスン費用を捻出し、自らの力で「商品」として売り出せるまで育成しているのである。日本の芸能事務所もタレントへの投資をしなければ良いのである。というより、タレントの移籍や独立を防げなくなれば、芸能事務所はタレントに投資ができなくなるはずなのだ。

日本の芸能界の改革は、緒についたばかりである。アメリカの芸能界で大きな影響力を持っているタレントの労働組合はまだできておらず、問題は山積みだ。本書が芸能界の健全化に役立つことを願ってやまない。

著者略歴

星野陽平（ほしの・ようへい）
フリーライター。1976年生まれ。東京都出身。2001年、早稲田大学商学部卒業。
編著に『実録！株式市場のカラクリ』（2004年、イースト・プレス）、著書に『芸能人はなぜ干されるのか？　芸能界独占禁止法違反』（2014年、小社、増補新版2016年）などがある。
連絡は〈thanxx2001@kvj.biglobe.ne.jp〉まで。

芸能人に投資は必要か？——アイドル奴隷契約の実態

2018年11月1日初版第1刷発行

著　者——星野陽平
発行者——松岡利康
発行所——株式会社鹿砦社（ろくさいしゃ）
●本社／関西編集室
兵庫県西宮市甲子園八番町２－１　ヨシダビル301号　〒663-8178
Tel. 0798-49-5302　Fax.0798-49-5309
●東京編集室
東京都千代田区神田三崎町３－３－３　太陽ビル701号　〒101-0061
Tel. 03-3238-7530　Fax.03-6231-5566
URL　http://www.rokusaisha.com/
E-mail　営業部○ sales@rokusaisha.com
編集部○ editorial@rokusaisha.com

印刷所——吉原印刷株式会社
製本所——株式会社鶴亀製本
装　丁——鹿砦社デザイン室

Printed in Japan　ISBN978-4-8463-1269-5　C0095
落丁、乱丁はお取り替えいたします。お手数ですが、弊社までご連絡ください。